William Bloom

Wie schütze ich meine Aura?

Mit einfachen Übungen
für den Alltag

Aquamarin Verlag

2. Auflage 2013
© der deutschen Ausgabe:
Aquamarin Verlag GmbH
Voglherd 1 • D-85567 Grafing
www.aquamarin-verlag.de

Titel der englischen Originalausgabe:
Psychic Protection
© 1996 Judy Piatkus Ltd., 5 Windmill Street, GB-London W1T 2JA
Diese Werk wurde vermittelt durch die
Literarische Agentur Thomas Schlück, 30827 Garbsen

Übersetzung aus dem Englischen: Dr. Edith Zorn

Umschlaggestaltung: Annette Wagner
unter Verwendung von © Mauritania (69908557) – Shutterstock.com

ISBN 978-3-89427-615-7
Druck: C.H. Beck • Nördlingen

Inhalt

1. Der Hintergrund 7
2. Erde, Körper und Atem 25
3. Schutz 45
4. Reinigung 67
5. Segen 81
6. Glück, Vertrauen und Erfolg 99
7. Das Böse, die Furcht und fortgeschrittene Reinigungstechniken 119
8. Geistige Gesetzmäßigkeiten 137
9. Du kannst einen Unterschied machen 153

1
Der Hintergrund

Worum geht es?

„Meine Freundin laugt mich völlig aus. Nach jeder Begegnung habe ich das Gefühl, vollkommen energielos zu sein."

„Ich bin im Begriff umzuziehen und mag die Atmosphäre des Hauses nicht."

„Die Stimmung bei geschäftlichen Zusammenkünften ängstigt mich, und ich erstarre."

„Die Leute, die bei uns wohnten, haben eine Schwingung zurückgelassen, die wir nicht ausstehen können."

„Wenn ein gewisser Klient geht, habe ich das Gefühl, als ob etwas von ihm an mir kleben geblieben ist."

„Es gibt eine Person, die mich hasst. Ihre Gedanken scheinen in meinem Kopf zu sitzen."

„Ich lebe auf dem Land, und wenn ich die Stadt besuche, überwältigen mich ihre Schwingungen."

„In der Hauptverkehrszeit mit dem Auto zu fahren, raubt mir meine Energie."

Dies sind die üblichen Probleme. Sie entstehen aufgrund unserer natürlichen Sensitivität Energien und Schwingungen gegenüber. Bis zu einem gewissen Grad nimmt jeder die Atmosphäre von Orten, Gegenständen und Menschen wahr. Beim Betreten einer Kirche oder einer Bibliothek spüren wir die Klarheit dieser Räume. In einigen Häusern fühlen wir uns wohl, andere meiden wir wegen ihrer unangenehmen Atmosphäre. Selbst der größte Spötter wird augenblicklich merken, ob bei einer Konferenz oder in einer Bar eine feindselige oder freundliche Stimmung herrscht. Manche spüren auch die unterschiedliche Schwingung einzelner Landstriche. Das Umfeld kann unsere Gefühle und unser Verhalten sehr stark beeinflussen, ohne dass wir uns dessen bewusst sind. Dieses Buch beabsichtigt, uns von diesen unsichtbaren Einflüssen zu befreien und die Möglichkeit zu bieten, bewusster und kreativer zu leben.

Für ein erfülltes und gesundes Leben ist es äußerst wichtig, dass wir die Schwingungen, die uns beeinflussen, verstehen und mit ihnen arbeiten können, um uns zu schützen und sie zu verändern. Die Psychologie hat bereits seit langem erkannt, dass das Grundbedürfnis des Menschen darin besteht, sich physisch und psychisch sicher zu fühlen. Fühlt man sich nicht sicher, kann man sich nicht angemessen, froh und kreativ verhalten und sein Potenzial verwirklichen. Geistiger Schutz besitzt für uns alle eine große Bedeutung. Er dient dazu, dass sich niemand verwundbar fühlt und unfähig ist, in einer neuen, schwierigen oder negativen Umgebung seine Emotionen zu beherrschen. Jeder sollte sich selbstsicher und befähigt fühlen.

Dieses Buch wurde für all diejenigen geschrieben, die für Schwingungen empfänglich sind und sich in kreativer und hilfreicher Weise mit ihnen befassen möchten. Dabei spielt es keine Rolle, ob man als Elternteil tätig ist, als Geschäftsmann, Lehrer oder Verkäufer, Klempner, Computerfachmann oder Gärtner. In jedem Fall arbeitet man an bestimmten Orten mit Menschen zusammen und möchte manchmal die praktischen Kunstgriffe kennen, um die Stimmung in kreativer Weise zu verändern. Es nützt niemandem, durch gewisse Menschen, Situationen oder Orte aus dem Gleichgewicht zu geraten und die Fähigkeit zu verlieren, sich zum Vorteil aller zu verhalten. Außerdem dient es einem selbst, der Familie, den Mitarbeitern und

Freunden, wenn man eine Atmosphäre zu schaffen vermag, die dazu beiträgt, dass jeder sein Bestes gibt.

In der Vergangenheit gab es in vielen Kulturen besondere Personen, wie Schamanen, Medizinmänner, weise Frauen, Priester und Priesterinnen, Exorzisten und dergleichen, die es verstanden, eine Atmosphäre zu verwandeln und geistigen Schutz zu schaffen. Meine Erfahrung hat mich gelehrt, dass nahezu jeder in der Lage ist, diese „Energiearbeit" zu verrichten. Die Techniken sind klar und eindeutig, weshalb sich das Wissen um ihre Geheimhaltung erübrigt. Sie bedürfen auch keiner besonderen Fähigkeiten oder Kniffe, so dass sie nach außen hin unsichtbar bleiben.

Die Grundregeln werden in diesem Buch in einer Weise dargelegt, dass sie leicht zu erlernen und auszuüben sind. Sie bedürfen keinerlei Vorkenntnisse oder Ansichten. Es ist alles sehr einfach. Die Übungen erfordern weder viel Zeit noch Anstrengung. Sobald man sie verstanden hat, zeigt sich, dass sie ebenso natürlich sind wie schwimmen, Fahrrad fahren, tanzen oder lesen.

Man kann sie in jeder Situation anwenden, besonders bei Herausforderungen, wie dem Zusammentreffen mit unbekannten oder wichtigen Personen, in Warteschlangen, im Verkehrsstau, in Bars, nächtlichen Straßen und bei nervenden Angehörigen, also in jeglicher Alltagssituation.

Die wichtigsten Punkte sind folgende:
- in unangenehmen und beängstigenden Situationen den eigenen geistigen Raum wahren;
- sich gegen starke Persönlichkeiten und Menschen abschirmen, deren Energie und Haltung Einfluss ausüben;
- ohne äußere Einflussnahme das eigene Energiefeld aufrechterhalten;
- das Zuhause oder den Arbeitsplatz reinigen;
- nach einem Streit, einem Besuch oder einer unwillkommenen Situation die Atmosphäre beruhigen;

- eine wohlwollende und liebevolle Schwingung schaffen, um einen Gegenstand oder Raum damit zu erfüllen;
- eine allgemeine Einstellung und Lebensweise schaffen, die, energetisch gesehen, jedem dient.

Ziel meines Buches ist es, dass der Leser sich nach der Lektüre sicherer fühlt, die Sachlage versteht und diese Übungen erfolgreich auszuführen vermag.

Nehmen wir ein einfaches Beispiel. Man hat dir einen ärmellosen Pullover gegeben, der dir zwar gefällt, dessen Schwingung dir aber nicht behagt, was auf seine Herkunft oder die Person zurückzuführen sein mag, die ihn dir gab. Was kannst du tun?

Die Antwort ist einfach. Schüttele den Pullover, lege ihn auf den Boden und springe darauf herum, schleudere ihn umher. Die alte Schwingung entweicht, was den Pullover neutral macht. Sorgfältiges Waschen oder Reinigen erfüllen denselben Zweck.

Psychologisch gesehen, trägt dieses Vorgehen dazu bei, den Gegenstand neu und frei von den alten Verknüpfungen zu sehen. Was die Schwingung betrifft, wurde die atomare Struktur aufgebrochen, um die darin enthaltene Atmosphäre freizusetzen.

Dieses einfache Prinzip kann man auch an sich selbst anwenden. Hast du nach Beendigung einer Tagung das Gefühl, das „Zeug" anderer Leute hänge an dir, dann klopfe deine Kleider und dich selbst kräftig ab. Das genügt im Allgemeinen. Mehr zu diesem Punkt findet sich in Kapitel drei.

Mein persönlicher Hintergrund

Ich weiß, wie einfach diese Übungen durchzuführen sind, da ich sie seit dreißig Jahren an mir selbst praktiziere und seit zwanzig Jahren lehre.

Der Hauptgrund für mein Interesse bestand darin, dass ich seit meiner Jugend, wie viele Menschen, für Aura-Ausstrahlungen empfänglich bin. Ich erinnere mich noch an meinen Weg zum Kindergarten und die schmale Gasse, die mich schreckte. Im Park, in dem ich spielte, gab es bestimmte Bereiche und Bäume, denen ich lieber auswich. Den langen, dunklen Flur in unserer Wohnung fürchtete ich sehr. Ich vermied es, ihn entlang zum Bad zu gehen und pinkelte statt dessen – im Alter von zwei oder drei Jahren – hinter den Wohnzimmervorhängen. Die Familie sprach seltsamerweise niemals davon, vielleicht weil sie glaubte, es sei die Katze gewesen.

Alle diese Ängste habe ich besiegt, und ich springe auch nicht mehr von weitem auf mein Bett, um dem seltsamen Ungeheuer zu entkommen, das nach mir greift. Gewisse Schwingungen stören mich aber immer noch.

Die Lebens- und Denkweise meiner Familie ließ mich annehmen, meine Sensitivität sei lediglich das Ergebnis einer allzu regen Phantasie. Aus diesem Grunde schweig ich meistens. Brachte ich hin und wieder meine Furcht bezüglich eines bestimmten Gegenstands oder Ortes zum Ausdruck, lachte man mich wegen meines „unmännlichen" Gebarens aus oder umarmte mich beruhigend mit den Worten: „Nun mach dir mal keine Sorgen, da ist nichts." In Wirklichkeit aber *war* tatsächlich etwas da.

Oft fühlte ich eine unangenehme Schwingung, doch meine Mutter, die mich liebte, wollte mich nur trösten und verhielt sich wie Millionen andere Eltern. Man beruhigte mich und versicherte, es sei nichts da. Eine seltsame Situation, nicht wahr? Wie viele andere Menschen war ich verwirrt und schämte mich meiner Sensitivität. Gelegentlich ist es mir immer noch peinlich, besonders angesichts maßgebender Skeptiker, über diese Dinge frei zu sprechen.

Aus diesem Grunde ermutige ich Eltern, die Sensitivität ihrer Kinder ernst zu nehmen. Wenn sich ein Kind fürchtet, muss man es natürlich beruhigen, aber anstatt zu behaupten, da sei nichts, sollten die Eltern darauf eingehen und vielleicht sagen: „Nun, wollen wir einmal näher hinschauen und spüren, was da ist. Wie fühlt es sich für dich an? Erzähle es mir. Vielleicht können wir etwas unternehmen."

Auch als Jugendlicher verlor ich meine Fähigkeit, Schwingungen zu erfühlen, nicht. Andererseits war ich recht rau, rauchte, trank und fuhr ein schweres Motorrad. Trotz meiner Empfindsamkeit für Schwingungen war ich ansonsten weder sensitiv noch poetisch veranlagt. Im Gegenteil, ich besaß eine grobe Persönlichkeit. Die Aura von Menschen und Orten nahm ich klar und eindeutig wahr. Ich erkannte sofort, in welcher Stimmung sich jemand befand, gleichgültig wie er sich nach außen gab. Unbekannte Häuser und Landstriche konnte ich aufgrund des Schwingungswechsels genau orten.

Im Alter von etwa zweiundzwanzig Jahren begann ich – als Überlebenstechnik bei einem anstrengenden Job – zu meditieren, was meine Sensitivität noch steigerte. Sie verstärkte sich allein dadurch, dass ich still dasaß. Meine Gefühle und Gedanken entspannten sich, und es gab weniger „Störungen" und „Lärm". Ich begann, die eigentlichen Vorgänge in meinem Körper und meinem Energiefeld deutlicher wahrzunehmen. Wichtiger aber war, dass ich durch dieses tägliche Stillsitzen die Schwingungen bemerkte, die ich selbst schuf. Sie standen in engem Zusammenhang mit meinen Launen. Schließlich erkannte ich zu meiner Überraschung, dass ich mit einer bewussten Änderung meiner Laune auf eine Person oder einen Ort einzuwirken vermochte. Ich muss gestehen, dass ich diese Erkenntnis einige Male recht mutwillig eingesetzt habe. Wenn ich spät abends meinen Freunden Gruselgeschichten erzählte, versetzte ich mich selbst mitunter in eine schreckhafte Laune und beobachtete schadenfroh, wie meine Freunde sich vorübergehend entsetzten. Außerdem begann ich damit zu experimentieren, eine wohlwollende Atmosphäre zu erschaffen, und erkannte immer stärker, um welche machtvolle Kraft zum Guten – oder Bösen – es sich bei dieser natürlichen menschlichen Fähigkeit handelt. Es gibt vor Energie strotzende Menschen, die sich durchsetzen, indem sie die Leute mit ihren Schwingungen einschüchtern. Ich bin sicher, dass die meisten Menschen schon jemandem dieser Art begegnet sind.

Etwa zur gleichen Zeit fing ich an, verschiedene Bücher über Mystik, spirituelle Psychologie und Okkultismus zu lesen. In einigen von ihnen wurde beschrieben, wie der Mensch Energiefelder und Auren zu beeinflussen und zu manipulieren vermag. Es bedurfte keiner langen Überlegung, dass mich nur diejenige Energiearbeit interessieren würde, die auch anderen zum Vorteil gereichte. Mit fünfundzwanzig zog ich mich für zwei Jahre in die Berge im Süden Marokkos zurück, um mich dem geistigen Pfad zu widmen und mehr über die Methoden der Bewegung und Veränderung von Energie zu lernen.

Als ich nach diesen zwei Jahren intensiven Lernens nach London zurückkehrte, begann ich, meine neue Wahrnehmungsfähigkeit und mein Können zu dem Zweck einzusetzen, erschreckende und störende Schwingungen zu verändern. Die meisten Leute, denen ich begegnete, wurden durch bestimmte Energien beunruhigt, mit denen sie selbst fertig zu werden vermochten, wenn sie erst einmal die grundlegenden Kenntnisse besaßen. (Zwei Probleme traten am häufigsten auf: In einem Haus mit unangenehmer Atmosphäre zu wohnen und die Furcht vor den Emotionen und Gedanken eines anderen Menschen und deren Einflussnahme.) Ich versuchte, den Leuten zu helfen, sich diese Kenntnisse anzueignen, damit sie ihr Leben selbstsicher und kreativer leben konnten. Am Anfang geschah es rein zufällig. Hin und wieder traf ich auf einzelne Personen oder Gruppen, die das Klima in ihrer Wohnung oder an ihrem Arbeitsplatz beunruhigte, und unterhielt mich mit ihnen. Im Laufe einer solchen Unterhaltung erwähnte ich meine Vorstellungen, in welcher Weise man einer derartigen Situation begegnen könnte. Für gewöhnlich brachte man mir dankbares Interesse entgegen und schickte vielleicht einen Freund zu mir, den ein ähnliches Problem beunruhigte.

Bei meinem Besuch in der Findhorn Foundation, einer spirituellen Gemeinschaft in Schottland, stieß meine Ansicht bei vielen Menschen auf Interesse, und man lud mich ein, über dieses Thema zu lehren. Mit der Zeit gewann ich den Ruf, auf diesem Gebiet recht nützlich zu sein, was dazu führte, dass ich offiziell zu unterrichten begann. Leute aus unterschiedlichen Gesellschaftsschichten baten um Hilfe, wohlhabende Aristokraten ebenso wie bettelarme Hippies, Ärzte, Krankenschwestern, Ingenieure und Architekten, vereinzelt Priester und Nonnen, Klempner, Sekretärinnen, Sozialarbeiter, Computerfachleute, Therapeuten, Eltern und Rentner. Über zwanzig Jahre habe ich hauptsächlich in Findhorn und London gelehrt sowie in den Vereinigten Staaten und in Ost-Europa.

Besonders berührt und ermutigt haben mich die Rückmeldungen der Teilnehmer. Viele Leute haben mir berichtet, dass sie sich in ihrem Zuhause oder in ihrem Büro schließlich wohlfühlten und die Sicherheit gewannen, sich mit ihrer zuvor beunruhigenden Beziehung zu ihrem Haus und ihrem Arbeitsplatz auseinanderzusetzen. Als Psychologe und aufgrund der Zusammenarbeit mit zahlreichen Therapeuten bin ich mir der psychologischen Gegebenheiten, die der Unsicherheit, Furcht und Ängstlichkeit zugrunde liegen, durchaus bewusst. Gleichzeitig weiß ich aber auch, dass es sich bei einem Menschen, der für Auren und Schwingungen empfänglich ist, oft nicht um ein psychologisches, sondern um ein energetisches Problem handelt. Übungen zum Schutz der Aura und zur Schaffung positiver Energien können uns, ohne psychologisch in die Tiefe zu dringen, stärken und unterstützen.

Feinstoffliche Kräfte

Die Beschäftigung mit Energiefeldern und Schwingungen erfordert eine Sichtweise, die das übliche Verständnis übersteigt.

Alles, was wir sehen und berühren können, besitzt außer seiner materiellen Form einen feinstofflichen Energiekörper, den wir nicht sehen. Die moderne Physik erklärt, dass jedes Atom aus tanzender Energie besteht. Fotografische Vorgänge, wie die Kirlian-Fotografie, vermögen diese Energiefelder sichtbar zu machen.

Gegenstände und ihre Energiefelder

Solche Energiefelder können bestimmte Stimmungen enthalten und ausstrahlen, die gewaltige Unterschiede aufweisen und von Frieden bis Zorn, von Freude bis Traurigkeit, von Ängstlichkeit bis Vertrauen und dergleichen reichen. Ein solches Schwingungsfeld sitzt nicht nur in festen Formen, wie in dem Mauerwerk eines Hauses, sondern gleitet durch die Luft. Es schwebt zu verschiedenen Orten und Menschen. Ist jemand schlecht gelaunt, kann die Energie dieser schlechten Laune auf eine andere, weit entfernte Person übergehen. Es gibt zahlreiche Menschen, die spüren plötzlich, in welcher Stimmung sich ein Freund oder Verwandter befindet. Andere fühlen, wenn jemand an sie denkt. Ein Merkmal des Verliebtseins besteht in dem Empfinden, mit dem anderen emotional verbunden zu sein, selbst wenn man voneinander getrennt lebt. Vielleicht spürt man sogar die wütenden Gedanken eines Feindes.

All dies folgt dem grundlegenden physikalischen Gesetz, dass Energie niemals verlorengeht. Empfindet jemand Ärger oder Freude, erfüllt er dieses Gefühl mit Energie, die niemals aufhört. Sie mag still in seinem Körper hocken und sich unaufhörlich in seinem Magen bemerkbar machen oder nach außen freigesetzt werden. Gleichgültig, was mit ihr geschieht, sie bleibt in irgendeiner Form bestehen. Vielleicht schwimmt sie in dem größeren Energiefeld, das die Person umgibt, die sie ursprünglich empfunden hat, oder sie wird von dem Zuhause oder dem Arbeitsplatz dieser Person aufgesogen. Vielleicht landet sie bei einem anderen Menschen, der daran festhält oder sie mit noch mehr Gefühl wieder freisetzt. Wir werden später näher darauf eingehen.

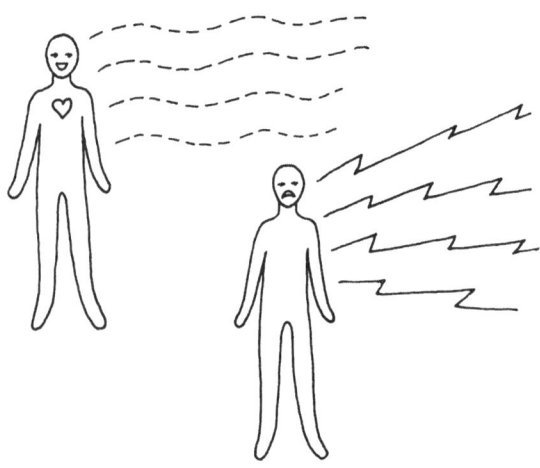

Menschen schwingen ihre Stimmungen nach außen.

Wahrnehmung und Unterscheidung

Sobald man sich mit dieser Arbeit befasst, stößt man auf die Frage, ob man solche Dinge tatsächlich sieht und wahrnimmt oder sie sich nur einbildet. Hinzu kommt das Problem, in welcher Weise die Wahrnehmung geschieht. Manche Menschen sehen Bilder, andere hören Töne oder riechen Düfte, während wieder andere von Intuition und unmittelbarem Wissen sprechen.

Die meisten von uns nehmen Energiefelder und Schwingungen über das Gefühl wahr und spüren sie. Dabei handelt es sich nicht um ein emotionales Gefühl, sondern um etwas, das über das physische Empfinden hinausgeht. Man kann Stimmungen und Schwingungen genauso fühlen, wie man einen Temperaturwechsel, Feuchtigkeit oder einen Brise spürt.

Die Wahrnehmung von Auren findet nicht im Gehirn und in der Vorstellung statt. Sie durchzieht den gesamten Körper. Manchmal sind solche Gefühle offensichtlich, sogar überwältigend, und manchmal tauchen sie sehr zart auf.

Jeder Mensch besitzt ein Energiefeld, das nicht nur seinen physischen Körper durchdringt, sondern ebenfalls über diesen hinausreicht. Wir alle besitzen ein elektromagnetisches Feld, das sich in unterschiedlicher Breite um uns ausdehnt. Es besteht aus unserer physischen Ausstrahlung und Vitalität sowie unseren Gefühls- und Gedankenwellen. Diese sogenannte Aura wird ebenfalls durch unser allgemeines Bewusstsein hervorgebracht.

Einigen Lesern mag der Begriff Aura fremd sein, da die westliche Biologie und Medizin nichts darüber lehrt. In der orientalischen und ayurvedischen Medizin gehört sie zum Grundkonzept und hat Eingang in die moderne Wissenschaft gefunden, die erklärt, dass alles aus Energie besteht. Die Aura bildet einen wesentlichen Teil der bio-magnetischen Natur des Menschen, was wir wissen müssen, um zu verstehen, wie geistiger Selbstschutz und die Schaffung positiver Gedanken funktionieren.

Die Aura, ein elektromagnetisches Energiefeld, durchdringt den gesamten Körper des Menschen und strahlt darüber hinaus. Obwohl wir sie nicht sehen können, fühlen wir sie. Die Sensitivität der Aura und die Art, mit der sie in unser Nervensystem eintaucht, lässt uns Stimmungen und Schwingungen fühlen. Wenn etwas in der Aura schwingt, spüren wir es.

Unsere Aura stößt fortwährend auf andere Energiefelder. Begegnet sie einem Feld, entsteht in ihr eine Wellenbewegung, vergleichbar mit einem Stein, der ins Wasser fällt. Diese Schwingung setzt sich durch die Haut im Nervensystem fest. Das Gehirn nimmt die Empfindung wahr und interpretiert die Erfahrung. Dieser Vorgang zeigt sich sehr deutlich bei der Begegnung mit einem wütenden Hund. Dein Energiefeld trifft auf die Energie des wütenden Hundes, was ein Schwanken, eine Reibung hervorruft. Diese Welle wogt durch dein Energiefeld und endet im Rückgrat, dass dir die Nackenhaare buchstäblich zu Berge stehen. Das Gehirn interpretiert diese Erfahrung als Angst.

Das Gleiche geschieht, wenn wir einer wohlwollenden Person begegnen oder einen angenehmen Ort aufsuchen. Unser Energiefeld trifft auf ein anderes positives Energiefeld. Die entstehende Harmonie wird an das Nervensystem weitergeleitet – und man fühlt sich wohl.

Genauso verhält es sich, wenn wir aufs Land fahren oder ein Gebäude betreten. Unser Energiekörper empfindet die Harmonie eines Landstrichs, in dem ein Bach fließt oder eine Quelle hervorsprudelt. Nicht nur unsere Augen, sondern unser ganzer Körper nimmt die Schönheit der Natur wahr. Viele Städter fahren aufs Land, um die beruhigende Atmosphäre zu fühlen und in sich aufzunehmen.

Betritt man ein neues Gebäude, spürt man sofort die Qualität dieses Ortes. Unsere Aura trifft auf die allgemeine Schwingung des Gebäudes. Jeder, der nach einem neuen Zuhause Ausschau hält, weiß aus Erfahrung, dass sich ein großartig aussehendes Haus einfach unangenehm anfühlen kann. Manchmal findet man Häuser oder Wohnungen, die zwar schrecklich aussehen, aber eine wunderbare Atmosphäre besitzen. Das Haus, in dem ich dieses Buch schreibe, sah bei unserem Einzug furchtbar aus, strömte jedoch eine wunderbar anheimelnde Wärme aus.

Was die Genauigkeit des Erfühlten anbelangt, gibt es eine grundlegende Schwierigkeit. Wir tragen unsere eigenen Schwingungen mit uns herum. Es mag Situationen geben, in denen wir etwas fühlen und glauben, es komme von außen, obwohl die Schwingungen in Wirklichkeit aus uns selbst emportauchen. Möglicherweise reagieren wir sehr heftig auf eine Sache und halten sie für schlecht, obwohl sie eigentlich harmlos ist, was auf unterschiedliche Gründe, wie Geschichte und Temperament, zurückzuführen sein mag. Ein häufig vorkommendes Beispiel zeigt sich, wenn man jemandem mit einem furchterregenden Äußeren, zum Beispiel einem mürrischen Teenager, begegnet. Er mag der netteste Junge sein, der sich bloß wie seinesgleichen kleidet, aber seine Erscheinung genügt, die eigene Furcht hervorzulocken. Man fühlt „feindselige Schwingungen", die in Wirklichkeit nur die eigenen sind.

In verschiedenen Kapiteln dieses Buches werde ich immer wieder zur Vorsicht mahnen, auf die Widerspiegelungen der eigenen Psyche zu achten, und die psychologischen Kräfte erklären, die eine genaue Wahrnehmung beeinträchtigen können.

Man kann die Genauigkeit innerer Eindrücke niemals gewährleisten. Daher sollte man offen und empfänglich für sie sein, ohne dass der konkrete Verstand den Vorgang blockiert, gleichzeitig aber eine gesunde Skepsis bewahren. Dies verlangt eine Art innerer Vergnügtheit, es nicht allzu ernst zu nehmen und die Möglichkeit einzuräumen, dass es falsch sein kann – und daneben eine wiedererlangte Kindlichkeit, die sich neuen Empfindungen und Bildern gegenüber öffnet und sie wahrnimmt.

Handelt es sich um einen tatsächlich zutreffenden inneren Eindruck, vermittelt er Wohlgefühl und Gewissheit. Ruft er innere Unruhe hervor, sollte man warten und still werden, um zu spüren, ob es wahr klingt.

Bewusst mitwirken

Schwingungen ernst zu nehmen und die Grundzüge der Arbeit zu kennen, stärkt und baut Selbstvertrauen auf. Anstatt sich in dieser Welt der Energien und Schwingungen passiv und unbewusst zu bewegen, sollte man aktiv daran teilnehmen und unmittelbaren Einfluss auf sein Umfeld nehmen und es beherrschen.

Aus diesem Grunde begeistert mich die Energiearbeit. Ich bin der Überzeugung, der einzige Zweck menschlichen Lebens besteht darin, unser wahres Wesen – einzigartig für jeden Einzelnen – hervorleuchten zu lassen, damit jeder Mensch derjenige werden wird, der er wirklich ist und sich selbst verwirklicht.

Um sich selbst zu verwirklichen, bedarf es gewisser Grundvoraussetzungen. Wir benötigen Nahrung, Obdach und körperliche Sicherheit, aber wie bereits erwähnt, auch geistigen Schutz. Wir müssen spüren, dass wir die Dinge selbst in der Hand haben. Wir können uns nicht verwirklichen, wenn wir keinen Einfluss auf die Energien und Stimmungen nehmen, die uns dort, wo wir leben, arbeiten und spielen, fortwährend beeinträchtigen.

Mit Hilfe dieser Energiearbeit, die schützend, reinigend und segnend wirkt, fühlen wir uns weniger furchtsam und selbstsicherer. Diejenigen, die mit der Energiearbeit beginnen, sind oft erstaunt über den psychischen Gewinn. Sie empfinden tiefe Erleichterung darüber, nicht mehr verletzbar zu sein und die Lage zu beherrschen.

Meiner Ansicht nach handelt es sich um eine naturgegebene Veranlagung, Schwingungsfelder zu erspüren und mit ihnen zu arbeiten. Zyniker, Skeptiker und religiöse Fundamentalisten mögen die

Energiearbeit als Aberglaube, Unsinn oder sogar Teufelswerk ablehnen. Sie erinnern mich an die Leute von vor fünfhundert Jahren. Sie sind unmodern. Sie gehen an der Realität vorbei.

Die innere Arbeit dient nicht nur einem selbst, sondern kann auch der Familie von Nutzen sein, den Freunden, Arbeitsplätzen und Mitarbeitern, eigentlich allen Gemeinschaften, in denen man lebt und wirkt. Die Atmosphäre seines Zuhauses und seines Arbeitsplatzes zu reinigen und zu bereichern, bedeutet echten Dienst am Ganzen. Es mag übertrieben klingen, doch ich habe es immer wieder erlebt.

An späterer Stelle werde ich die Vorgehensweise genau beschreiben. Viele Menschen haben diese Arbeit bereits erprobt und schätzen sie, da sie ihnen das Gefühl vermittelt, etwas Sinnvolles für die Welt zu tun. Neben der Erdverschmutzung, die zur Herausforderung für die Ökologie unseres Planeten geworden ist, gibt es eine Verunreinigung der Schwingungen, die aus negativen Verhaltensweisen, Gefühlen und Gedanken besteht. Es gibt die Möglichkeit, dieses innere Umfeld zu reinigen, damit es der „geistigen Ökologie" oder „inneren Ökologie", der Ökologie der Schwingungen und Energiefelder unseres Planeten von Nutzen sein kann.

Es bedarf keiner besonderen Vorstellungskraft, um die ungeheure geistige Verschmutzung zu erkennen, die den gesamten Planeten durchdringt. Jeder kann aktiv daran arbeiten, diese Schadstoffbelastung zu transformieren und zu heilen. Zumindest sollte man darauf achten, nicht noch mehr hinzuzufügen. Einige Leute sind fest davon überzeugt, dass die Umweltverschmutzung und -vergiftung in der energetischen und geistigen Verunreinigung wurzeln. Jede Arbeit, die diese Situation erleichtert, ist sinnvoll.

Die einfachste Hilfe besteht darin, inmitten des modernen Wirrwarrs eine ruhende Oase des Wohlwollens zu sein. Jeder kennt Menschen, die Freundlichkeit und Frieden ausstrahlen. Ich erinnere mich an eine ungewöhnliche „Teedame" an einem meiner Arbeitsplätze. Immer bis zum äußersten Termin arbeitend, baute sich oft eine stressvolle Atmosphäre um mich auf. Um elf Uhr erschien dieses segensreiche Geschöpf und verteilte mit einem freundlichen Lächeln eine Tasse Tee sowie Kaffee und gute Schwingungen.

Ich bewundere oft, wie in modernen Krankenhäusern sehr viel zur Heilung beigetragen wird durch die Unterstützung der Belegschaft und des Reinigungspersonals, die unauffällig ihre Arbeit verrichten.

Gute Schwingungen können mit Hilfe von wissenschaftlichen Instrumenten gemessen werden. Unser Gehirn sendet Wellen unterschiedlicher Frequenz aus – Alpha-Wellen, Beta-Wellen und so fort – entsprechend unserer Entspannung und unseres Wohlbefindens, was wissenschaftlich überprüft werden kann. Diese Technik hat bei Stresskontrolle und zur Erleichterung von Epilepsie erfolgreich ihren Einsatz gefunden. Als ich mit einigen Studenten arbeitete, begegnete ich einem amerikanischen Tutor, der eine Zeit lang Erwachsene untersuchte, die Lesen und Schreiben lernten. Am erfolgreichsten zeigten sich diejenigen Lehrer, die Ruhe ausstrahlten, was einen sicheren Raum schuf, in dem der Schüler sich entspannen, sein Gehirn „auftauen" und lernen konnte. Diese Tatsache wurde gemessen. Die Lehrer mit den besten Schwingungen verzeichneten den größten Erfolg mit ängstlichen, leistungsschwachen Schülern.

Die persönlichen und kollektiven Vorteile dieser Energiearbeit liegen auf der Hand. Weit entfernt von einem abergläubischen Zeitvertreib für Spinner, handelt es sich um einen sehr feinen Annäherungsversuch an das Leben, der eine sichere Insel geistiger Gesundheit inmitten einer zunehmend verrückter werdenden Welt schafft.

Offen für Kritik

Es gibt viele Leute, die dieser Arbeit skeptisch gegenüberstehen oder sie kritisieren. „Nichts als abergläubischer Unsinn. Sie glauben nur daran, weil ihnen die Vorstellung widerstrebt, die Welt nicht im Griff zu haben. Daher geben Sie vor, sie könnten sie beherrschen."

Derartig kritische Stimmen habe ich wiederholt gehört, und in gewisser Weise kann ich sie verstehen. Die Welt wimmelt von geistigen Scharlatanen und Gaunern, die für Geld alles tun oder die für eine Art persönlichen Machtrausch die Leute manipulieren würden. Alle paar Monate berichtet die Zeitung über irgendeine Tragödie, hervorgerufen durch einen selbst ernannten und gefährlichen Guru oder geistigen Meister.

Es hat sogar noch schlimmere Zeiten gegeben. Im mittelalterlichen Europa gehörte abergläubischer Schwindel zur christlichen Kultur, besonders in der Kirche selbst. Aberglaube und Gespenster standen hoch im Kurs. Hühnerknochen wurden als schutzbringende Heiligenreliquien (Finger) verkauft. Fast alles wurde verkauft, um die Leute vor dem Teufel zu bewahren und ihre Seele zu retten. An jeder Ecke stand irgendjemand, der bereit war, einen Zauber auszusprechen, der das Schicksal zugunsten von Erfolg, Sieg, Liebe, Geld oder gutes Aussehen beeinflussen sollte. Die Kirche war in gewisser Weise Teil dieses Spektakels.

Im siebzehnten und achtzehnten Jahrhundert begann die europäische Kultur schließlich, diese absurden und schädlichen Ausuferungen abzuschaffen. Viele Leute fürchten sich heutzutage zurecht, in jene mittelalterlichen Zeiten zurück zu fallen. Jedesmal, wenn sie etwas hören, das solchem Aberglauben ähnelt, zeigen sie ein reflexartiges Misstrauen. Glücklicherweise gibt es derartige Leute, denn es wäre eine gefährliche Welt, in der es nicht eine gesunde Skepsis gäbe.

Besonders die Anthropologen behaupten, dass wir – vergleichbar mit den „primitiven" Urvölkern – die innere Energiewelt erschaffen, um vorzugeben, es sei uns möglich, das Unbeherrschbare zu beherrschen. Diese Einstellung gegenüber der Weisheit der Naturvölker und unserer allgemeinen Sensitivität zeugt von äußerst engstirnigem, intellektuellem Hochmut. Wenn irgendetwas nicht in das gängige wissenschaftliche Verständnis des Universums hineinpasst, wird es als kindische Phantasterei abgetan. Die Wissenschaft selbst ist in Bewegung und zu einem transparenteren Verständnis für die Natur und den Kosmos gekommen, in dem es ein Kontinuum zwischen Bewusstsein und Materie gibt. Sie beginnt zu begreifen, dass alles aus Energie besteht, die sich in unterschiedlicher Form darstellt.

Die Energiearbeit weist eine eher praktische Schwierigkeit auf. Es ist eine Frage der Erfahrung. Wenn man die Erfahrung nicht gemacht hat, warum sollte man daran glauben? Wir besitzen fünf äußere Sinne – Fühlen, Schmecken, Riechen, Hören und Sehen – die sich mit der materiellen, physischen Welt auseinandersetzen. Wir können nicht leugnen, was wir wahrnehmen. Der sechste Sinn ist feiner, weniger bemerkbar, aber ebenfalls fortwährend tätig.

Vielleicht neigen wir dazu, den sechsten Sinn zu ignorieren, weil wir nicht darüber belehrt oder ermutigt werden, ihn ernst zu nehmen. Ich habe weder in der Schule noch von meinen Eltern davon gehört. Ich wünschte mir, man hätte mich bereits als Junge darüber aufgeklärt, dass die Empfänglichkeit für Schwingungen und die Energiearbeit völlig normal sind. Sie gehören einfach zum Leben. Sich dessen bewusst zu sein, bringt nur Vorteile.

2
Erde, Körper und Atem

Geborgen in deinem Körper

Um die Energiearbeit wirkungsvoll durchzuführen, damit Schwingungsfelder verändert und beeinflusst werden können, muss man vollständig in seinem Körper ruhen und die enge Verbindung zwischen Körper und Erde spüren. Der Atem sollte ruhig und beherrscht fließen. Gelingt es nicht, fest in seinem Körper verankert zu sein und ruhig zu atmen, neigt die Wahrnehmung zur Ungenauigkeit, und es wird schwerfallen, in angespannten und schwierigen Situationen die Ruhe zu bewahren.

Wenn ich meine Schüler frage: „Wie gut seid ihr in eurem Körper verankert? Wie wohl fühlt ihr euch in eurem physischen Körper? Seid ihr euch im Allgemeinen eures Körpers bewusst? Wo liegt euer Hauptaugenmerk in eurem Körper, in eurer Vorstellung, euren Gedanken oder Gefühlen?", dann erhalte ich die unterschiedlichsten Antworten.

Die Leute kommen aus verschiedenen Schichten. Sie unterscheiden sich in ihrem Lebenslauf und in ihrer Art voneinander. Wir alle kennen den Träumer, dessen Bewusstsein kaum in seinem Körper zu sein scheint. Man gewinnt den Eindruck, als schwebe er fortwährend außerhalb seiner selbst. Es gibt intellektuelle Typen, die in ihrem Kopf pausenlos beschäftigt sind. Die Energie ihrer intensiven Gedankenprozesse lässt sich geradezu fühlen. Dann gibt es Leute, die emotional festgefahren sind. Ihre Energie scheint in ihrer Kehle zu stecken, und ihre Stimme klingt dünn und flüsternd.

Dies sind grobe Verallgemeinerungen, die zeigen, dass in den meisten Fällen das Bewusstsein und die fortwährende Bewusstheit nicht vollständig im gesamten Körper sitzen. Die modernen Erwachsenen befinden sich nur selten vollkommen und behaglich in ihrem Körper. Vergleichen wir Erwachsene mit dem natürlichen Körperbewusstsein von Kindern. Kinder bewegen sich anmutig, ausgewogen und entspannt. Betrachten wir die Naturvölker oder die Landbevölkerung, die mit den Händen arbeiten, erkennen wir, dass die meisten von uns unseren Körper nicht benutzen und daher auch nicht vollständig in ihm leben.

Es wäre sinnvoll, einen Augenblick innezuhalten und sich zu fragen, wie sehr man seinen Körper bewohnt. Wohin lenkt man sein Augenmerk und wohin nicht? Dies ist keine komplizierte Selbstbewertung, man soll nur ein Gespür dafür bekommen, wer man eigentlich ist. *Wie sehr bin ich in meinem Körper verankert?*

Eine weitere Frage lautet: *Wie stark ist man geerdet?* Inwieweit stehst du mit der Erde unter dir in Berührung? Fühlst du die Verbindung mit dem physischen Planeten, dessen Schwerkraft dich hält und davor bewahrt, in den Raum zu fliegen? Manche Menschen sind von Natur aus erdverbunden, besonders diejenigen, die mit ihren Händen oder auf dem Land arbeiten. Den meisten modernen Menschen fehlt es an guter Erdverbundenheit.

Eine dritte Frage ist ebenso wichtig: Atmest du ruhig und rhythmisch, oder geht dein Atem schwer und mühsam?

Diese drei Fragen, die den Körper, die Verbindung zur Erde und den Atem betreffen, sind äußerst wichtig. Man mag noch so diszipliniert, konzentriert oder erfahren im Gebrauch seiner Vorstellungskraft sein, steht man nicht ruhig und fest auf dem Boden, wird die Energiearbeit schwierig und ungenau sein.

Ich habe mit vielen Leuten gearbeitet, deren wichtigste Lektion darin bestand, sich zu erden. Ich erinnere mich an mehrere Lehrer und Geschäftsleute, die von ihrem Arbeitsklima zunehmend erdrückt wurden. Es genügte, in ihrem Körper fest auf dem Boden zu stehen und ruhig zu atmen, um sich wohl zu fühlen.

Warum sind Körper, Erde und Atem so wichtig? Die Antwort ist denkbar einfach. Man kann sein Leben nicht wirklich leben, wenn man verträumt und ängstlich ist und keinen festen Bezug zur Erde besitzt. Man stelle sich eine bedrohliche oder angespannte Lage vor. Um sich wirkungsvoll mit ihr auseinanderzusetzen, sollte man ruhig und konzentriert sein. Damit man diesen Zustand erreicht, muss sich der ganze Körper entspannen und stabilisieren. Konzentriert man sich im Kopf oder versucht das Bewusstsein, der Situation zu entfliehen, verhält sich der Körper nervös und ängstlich. Die Ängstlichkeit des Körpers macht es unmöglich, richtig zu fühlen.

Der Körper ist ein biologisches Geschöpf und Träger des Bewusstseins. Dieses braucht ihn, damit es fest im Sattel sitzt, um ihn zu lenken. Wenn das Bewusstsein in einer bedrohlichen Situation nicht fest im Körper verankert ist, sondern in einen panischen Zustand gerät, wird der Körper ängstlich. Die Angst löst einen Adrenalinstoß und den Instinkt von Furcht, Flucht oder Kampf aus. Ruht man andererseits in seinem Körper, bedeutet dies Selbstbeherrschung, und man bekommt sogar den Adrenalinstoß in den Griff.

Ruhig angesichts der Gefahr

Nehmen wir eine beängstigende Situation. Du stehst ihr fest und ruhig atmend gegenüber. Du fühlst dich in deinem Körper wohl. Gesicht, Brustkorb und Magen sind entspannt. Du bist dir deiner Verbindung mit der Erde bewusst. Dein Atem fließt gleichmäßig.

Diese Stufe der körperlichen Selbstbeherrschung vermag die gesamte Art, in der du die Lage erlebst, verändern.

Du weißt sie abzuschätzen, wenn du fest in deinem Körper ruhst. Das Zentrum der Schwerkraft deiner Körperenergie befindet sich im Unterbauch. Beobachtet man die Bewegung kleiner Kinder, erkennt man die vollkommen ausgeglichene Energieverteilung. Wenn ein Kleinkind rückwärts auf sein Hinterteil fällt, bleibt die Wirbelsäule aufrecht, weil sein Schwerkraftzentrum tief liegt.

Das Schwerkraftzentrum schwangerer Frauen ruht im Unterbauch. Sollte jemand einmal schwanger gewesen sein, möge er sich an diese Empfindung, ohne das eigentliche Gewicht oder die Müdigkeit des Körpers, erinnern.

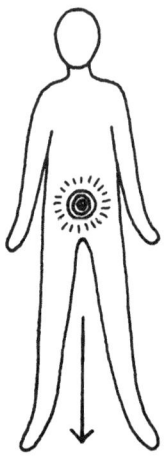

Dein physisches Schwerkraftzentrum im Unterbauch

Bei den asiatischen Kampfsportarten wird die Körperenergie auf den Unterleib konzentriert. Aikido, Kung Fu, Tai Chi und Chi Gung lehren, dass das Chi, die Lebensenergie, als energetischer Grundstein seinen Sitz im unteren Bauchraum hat. Alle Bewegungen der asiatischen Kampfkunst kreisen um diesen Bereich.

Man stelle sich einen Kampfsportler vor: Die Füße nebeneinander, die Knie leicht gebeugt, aufrecht stehend, ruhige, wache Augen, mühelos atmend und mit konzentrierter Energie. Er wird ruhig und wachsam bleiben, unabhängig davon, was sich um ihn herum auf physischer oder energetischer Ebene abspielt. Genau dieses Gleichgewicht ist nötig, wenn wir uns Schwingungsfeldern gegenübersehen, die uns Schwierigkeiten bereiten.

Vor vielen Jahren leitete ich in Somerset im Zuge meines Studiums eine Zeit lang eine Bar. An einem ruhigen Sonntagmittag bestellten zwei fünfzehnjährige Mädchen alkoholische Getränke. Ich lehnte ab. Sie bestanden darauf, und ich lehnte erneut ab. Daraufhin beugte sich ein großer, furchterregend aussehender Mann über die Theke und starrte mich an. Er behauptete, die beiden seien seine Kusinen und ich hätte sie zu bedienen. In seinem Gesichtsausdruck und in seinem Ton lag eine aggressive Beharrlichkeit. Ich persönlich bin kein Kämpfer, blieb aber bei meiner Aussage, sie nicht bedienen zu können. Der Mann bedrängte mich erneut.

Ich blieb ruhig und überprüfte die Lage. Ich glaubte, eine Chance darin zu sehen, ihn in ein Gespräch zu verwickeln. Mein Hauptargument – von Mann zu Mann – war die Tatsache, dass ich meinen Job verlöre, wenn ich sie bediente. Wollte er das wirklich? Mir war bewusst, dass diese Unterhaltung im Hinterzimmer stattfinden musste, da er es wohl kaum ertragen hätte, öffentlich einen Rückzieher zu machen.

Ruhig bat ich ihn, mir ins Hinterzimmer zu folgen. Er blickte mich etwa fünfzehn Sekunden lang eisig an und meinte halb lächelnd, es sei die Sache nicht wert und gab seinen Kusinen zu verstehen, dass sie verschwinden sollten.

Eine Woche später waren wir beide alleine in der Bar, tranken und unterhielten uns. Wir verstanden uns gut, und ich fragte ihn nach unserer ersten Begegnung. Er lachte und begann zu erzählen. Seit seiner Kindheit war er ein Kämpfer. Er stammte aus einer Zigeunerfamilie und musste sich immer selbst verteidigen oder das Weite suchen. Er liebte es zu kämpfen und war den anderen in der Gegend überlegen, wie ich später erfuhr. Als Kämpfer hatte er den Stil seiner Gegner studiert und besonders die Körpersprache beobachtet, wenn sie zum Kampf antraten. Er sprach von einer spiralförmigen Bedrohung, die sich schließlich entlud.

Meine Körpersprache an jenem Mittag hatte nicht in das übliche Muster hineingepasst. Sie drückte keine Furcht aus, wie er bemerkte. Mein Atem und mein Gesichtsausdruck waren ruhig, meine Augen wach und nicht flackernd. Ich zeigte keine Angst. Ich fühlte mich körperlich wohl. Er schloss daraus, dass er möglicherweise einen geschulten Karate-Experten vor sich hatte, der ihn ins Hinterzimmer locken wollte, um ihn dort kurzerhand, aber diskret fertig zu machen.

Leute, die ein würdiges Leben in einer bedrohten Welt führen möchten, sollten sich dies merken. Die erfolgreichsten und sichersten Kämpfer drücken mit ihrem Körper gelassene Aufmerksamkeit aus.

Die Körpersprache und -energie eines erfolgreichen Kampfsportlers zeigen physische Ruhe und Erdverbundenheit. Der Atem fließt leicht und gleichmäßig. Selbst wenn ihn ein Dutzend drohende Feinde umringen, bleiben die Augen wachsam und die Körperenergie ruhig.

Es klingt betont männlich, ist aber unerlässlich, wenn man sich psychisch oder energetisch angegriffen fühlt oder sich in einer schwierigen Lage befindet. Mit anderen Worten, willst du dich ruhig und sicher fühlen, wenn du angegriffen wirst, so muss sich dein Körper ruhig und sicher fühlen.

Wenn du vollständig in deinem Körper ruhst, gleichmäßig atmest und gut geerdet bist, lässt sich die Lage besser beurteilen und die richtige Taktik wählen. Gerätst du in Panik, gibt es keinen geistigen Raum, in dem das Nötige ausgearbeitet werden kann.

Ich kenne viele Berichte über Menschen, die ihr energetisches Gleichgewicht gewahrt haben, um nicht verletzt zu werden. Ein Freund, der spätabends spazierenging, sah auf der anderen Straßenseite eine Gruppe Jugendlicher auf ihn zukommen. Er spürte sofort die Gefahr, erstarrte, atmete aber ruhig weiter. Einer der Jungen löste sich aus der Gruppe, ging auf ihn zu und hielt ihm ein Messer an die Kehle. Mein Freund blieb ruhig, während die Welt um ihn herum für eine Minute gefror. Der Junge ging weiter, ohne dass etwas geschehen war. Mein Freund zitterte vor Angst, als es vorüber war. Im Augenblick aber, als es darauf ankam, hatte er würdevolle Ruhe bewahrt. Wer weiß, was ansonsten geschehen wäre.

Da Frauen sich stets der Bedrohung durch funktionsgestörte, aggressive Männer gegenübersehen, sollten sie diesen Punkt beachten. Aus eigener Erfahrung weiß ich, dass die Verankerung mit der Erde den Eckstein persönlicher Sicherheit bildet. Hat man sich mit hochgradig aggressiven Männern auseinanderzusetzen, bedarf es zusätzlicher Strategien. Ich kenne eine Frau, die auf einem Londoner Bahnhof von drei jungen Männern belästigt wurde, diese lange kühl betrachtete und dann wütend wurde. Sie ging zornig auf sie los und schlug sie in die Flucht. Obwohl sie keine Übung in der Selbstverteidigung besaß, nur körperlich kräftig war, beschloss sie zu kämpfen und eher ein Risiko auf sich zu nehmen, als passiv unterzugehen.

In einer anders gelagerten Situation hätte ihre Entscheidung falsch sein können, aber das war nun einmal ihre Art. Im sechsten Kapitel werde ich einige Übungen beschreiben, die dazu dienen, Selbstvertrauen und persönliche Stärke aufzubauen. Sie können auch dazu beitragen, eine „Front" zu errichten, um andere Leute abzuwehren. Außerdem empfehle ich jedem, der sich Sorgen macht, belästigt zu werden, Unterricht in Selbstverteidigung und Konfliktlösung zu nehmen.

In seiner Mitte zu ruhen, ist die Grundlage von allem.

Furcht vor der eigenen Furcht

Es bedarf der konzentrierten Ruhe, um eine Atmosphäre genau zu erfühlen. Der gesamte physische Körper ist für die Aura empfänglich. Wenn wir uns fürchten, erstarren gewöhnlich gewisse Körperbereiche, während bestimmte Teile der Psyche zu entfliehen suchen. In einem solchen Zustand kann man nicht genau sein. Im Gegenteil, wenn wir uns fürchten, ist unsere eigene Furcht die Energie, die wir am stärksten spüren. Ich erinnere mich an einen solchen Fall, den ich als Teenager erlebte. Ich war auf dem Land und hatte mich verlaufen. Eine vorüberfliegende Fledermaus verfing sich einige Sekunden lang in meinen Haaren, ehe sie sich befreite. Ich schüttelte mich vor Angst. Obwohl die Fledermaus weitergeflogen war, erschrak ich bei jedem kleinsten Schatten und jeder Bewegung. Jeder Schreck schoss wie elektrische Pfeile durch meine Aura. In Wirklichkeit quälte mich nur mein eigenes Entsetzen. Zum Glück gibt es sehr einfache Übungen, die den Körper beruhigen und erden.

Hinweis zur Durchführung der Übungen

Alle in diesem Buch aufgeführten Übungen erfordern deine Vorstellungskraft. Es ist wichtig, sie richtig einzusetzen.

Erstens, sei ruhig und geduldig. Zweitens, erwarte keine aufregenden Wahrnehmungen und Empfindungen. Diese Arbeit verläuft weitgehend auf feinerer Ebene.

Wenn du dir etwas vorstellen oder spüren sollst, bedeutet dies, dass du in deinem Kopf siehst, wie es geschieht und es ganz leicht in deinem Körper fühlst.

Die wenigsten Leute haben ein klares Bild vor Augen. Wesentlich ist vor allem, ein feines Gespür für das Geschehen zu bekommen, was eines offenen und fließenden Geistes bedarf.

Wenn es heißt, du sollst dir eine Energie vorstellen oder fühlen, die deine Wirbelsäule entlang nach unten läuft, schließe zu-

nächst die Augen oder lasse sie geöffnet, wenn es dir möglich ist. Empfinde, fühle, stelle dir vor oder visualisiere, wie sich diese Energie durch dich hindurch abwärts bewegt. Nur daran zu denken, genügt schon. Vertraue darauf. Du wirst die Ergebnisse erfahren. Sorge dich nicht, falls es sich sehr leicht und zart anfühlt. Ich persönlich arbeite weniger mit meiner Vorstellungskraft als mit dem Gespür bei dieser Übung. Sei nicht beunruhigt, wenn dich eine gewisse Schwerfälligkeit hemmt. Wiederholtes Üben hilft, sich wohl zu fühlen.

Alle hier aufgeführten Übungen basieren auf der Vorstellung, dass die Energie dem Gedanken folgt. Denkst du an etwas, schenkst du einer Sache deine Aufmerksamkeit, fließt die Energie in die Richtung deines Konzentrationspunktes. Man kann demnach seinen Verstand und seine Vorstellungskraft einsetzen, um bestimmte Energiebewegungen und Schwingungsfelder zu erzeugen. Viele Übungen in diesem Kapitel machen sich dies zunutze, um den physischen Körper eng mit der Erde zu verbinden. Im nächsten Kapitel wird mit Hilfe des Verstandes und der Vorstellungskraft ein Gefühl des Beschütztseins und ein abschirmendes Kraftfeld aufgebaut. Denkt man an eine Schutzhülle und fühlt sie, lenkt und formt die geistige Kraft sie in die entsprechende Gestalt. Der Mensch verfügt über die bemerkenswerte Fähigkeit, diese Energiearbeit zu leisten.

Man sollte bedenken, dass sich der Vorgang sehr zart anfühlt und nicht helle, bunte Bilder oder durchschlagende Erfahrungen erwarten. Die innere Welt wird vom Menschen nicht in dieser Weise wahrgenommen. Wenn dem so wäre, gäbe es weder Einwände noch Skepsis im Hinblick auf ihre Existenz. Führe sämtliche Übungen ganz entspannt aus und genieße das sanfte Strömen.

Erden

Die Grundlage des Erdens besteht in dem Empfinden für die tiefe Verbundenheit der Körperenergie mit den Erdenergien. Die Übungen sind einfach und können nebenbei durchgeführt werden, wie für einige Sekunden während der Lektüre eines Buches. Man wähle diejenige aus, bei der man sich am wohlsten fühlt.

Konzentriere dich auf die Erde unter dir. Spüre die Verbindung. Befindest du dich mehrere Stockwerke weit oben, so stelle dir vor, wie sie durch alle Stockwerke hindurch nach unten führt. Fühle diese Verbindung zunehmend tiefer in die Erde eindringen. Manche spüren sie sehr deutlich, andere wiederum nur ganz zart. Mache dir also keine Gedanken. Mit der Zeit wird die Empfindung stärker werden.

Es gibt verschiedene Möglichkeiten, die Verbindung eindeutiger wahrzunehmen.

Fühle diese Verbindung mit der Erde nach unten durch deine Fußsohlen und deine Wirbelsäulenbasis strömen. Besitzt du ein gutes Vorstellungsvermögen, nutze es. Ansonsten versuche zu fühlen, wie die Energie durch dich hindurch in den Erdboden hinunterfließt.

Du kannst spüren, wie die Energie vom Scheitel, durch die Wirbelsäule und den gesamten Körper nach unten in die Erde strömt. Sollte es irgendwo in deinem Körper eine Verspannung oder gewisse Ängstlichkeiten geben, so fühle eine Verknüpfung zwischen diesem Bereich und der Erde.

Spüre die Energie von der Wirbelsäulenbasis in das Erdzentrum fließen und zurück in die Wirbelsäule springen.

In der östlichen Medizin gibt es im Energiefeld des Körpers bestimmte Zentren, Chakras genannt. Man sollte diese Energiezentren eins nach dem anderen nach unten mit der Erde verankern: Wirbelsäulenbasis, Sexualzentrum, Sonnengeflecht, Herz, Kehlkopf, Stirn, Scheitel.

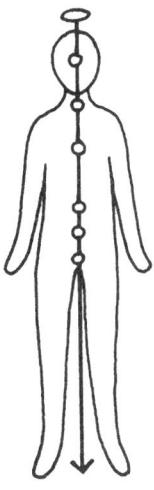

Erde jedes Chakra

Stelle dir vor, du bist ein Baum. Dein Rumpf ist der Stamm. Deine Wurzeln reichen tief ins Erdreich hinunter.

Gehe regelmäßig nach draußen und berühre mit den nackten Füßen oder Händen die Erde.

Umarme einzelne Bäume und fühle ihre tiefe Verwurzelung. Spüre die Energie der Bäume, die weit in die Erde hineinreicht.

Wenn du eine Straße entlang gehst, stelle dir vor, du seiest teilweise oder völlig unter der Erdoberfläche.

Stelle dir vor, du gleichst einem Berg.

Massiere die Fußsohlen mit Erdreich, mit gepulvertem Magnesium oder Aluminium.

Trage ein Amulett aus Blei oder Hämatit.

Regelmäßigkeit steigert die Wirksamkeit dieser Maßnahmen. Bist du in besonderem Maße verträumt oder intuitiv, ist es wichtig, die Energie im Kopfbereich, vorwiegend um den Scheitel herum, tief mit der Erde zu verankern. Ich persönlich beginne bereits morgens beim Aufwachen damit, mich zu erden. Bei einem geschäftigen Stadtleben, wie ich es führe, muss ich fortlaufend geerdet bleiben, was einen wesentlichen Teil meiner körperlichen und geistigen Gesundheit ausmacht. Ich arbeite ständig daran.

Im Körper sein

Ebenso wichtig wie die Verbindung zur Erde ist die völlige Gegenwart im physischen Körper. Die moderne Zivilisation mit ihrem Anreiz, ihrer Zusammenballung und Elektrizität macht es uns leicht, den physischen Körper zu vergessen und vollkommen in einer psychologischen und kulturellen Welt aufzugehen.

Die wichtigste Übung für das Körpergefühl, die ich kenne, besteht darin, sich den irdischen Aspekt jeden Morgen unmittelbar nach dem Erwachen sorgsam bewusst zu machen. Es bedarf nur ein paar Minuten und ist sehr angenehm. Sobald du aufwachst, werde dir allmählich bewusst, dass du einen Körper hast und nach dem nächtlichen Schlaf dein Bewusstsein in diesen Träger zurückbringst. Denke nach dem Aufwachen nicht an die Dinge, die du tagsüber zu erledigen hast. Fange nicht an, dich zu sorgen. Hetze nicht. Springe nicht sofort aus dem Bett.

Nimm dir ein wenig Zeit, um dein Wachbewusstsein vollständig in deinen Körper gleiten zu lassen. Spüre deine Füße und Zehen. Bewege sie ein wenig. Grüße sie. Lenke deine Aufmerksamkeit langsam durch den gesamten Körper. Spürst du irgendwo Schmerzen? Beachte sie und schiebe sie nicht einfach beiseite. Grüße sie und lege dein Bewusstsein wohl-

wollend in sie hinein. Vielleicht berührst du die verspannte Stelle.

All dies zeigt deinem biologischen Geschöpf, deinem Träger, dass du dir vollkommen dessen bewusst bist, was physisch beruhigt. Es ist der erste Schritt, sich in seinem Körper wohl zu fühlen. Diese Übung wirkt bei körperlichem Schmerz und kann Erleichterung verschaffen.

Es handelt sich um eine sehr persönliche Übung. Schläft noch jemand im selben Raum, muss diese Person nichts davon erfahren. Einige Leute schlafen nach der Übung wieder ein. Das ist gut so, denn der Schlaf ist nun sehr entspannend. Man sollte langsam wieder aufwachen und vollständig in seinem Körper sein, ehe man den Alltag beginnt.

Es gibt eine weitere, sehr hilfreiche Übung. Behaglich sitzend oder liegend, spüre man bestimmte Körperbereiche. Wie fühlt sich der Oberschenkel oder der Knöchel an? Mit ein bisschen Aufmerksamkeit sollte man in jeder Stelle, auf die man sich konzentriert, den Puls fühlen und sich des gesamten Körpers bewusst sein.

Hier sind einige weitere Vorschläge, um in den Körper einzutauchen:
- *Massiere dich.*
- *Lasse dich massieren.*
- *Genieße ein entspannendes Bad.*
- *Regelmäßige Körperübungen*
- *Yoga*
- *Tanz und Bewegung*
- *Unternimm alles, was dich deinen Körper fühlen lässt.*

Fällt es dir schwer, ein wirkliches Körpergefühl zu entwickeln, so versuche es mit einer Kampfsportart wie Tai-Chi oder Chi-Gung. Selbst ein kurzer Einführungskurs wird dazu beitragen, das Gleichgewicht in deinem Schwerkraftzentrum wiederherzustellen und dein Körperbewusstsein zu verändern.

Fragt man dich, ob du dich zu erden vermagst, während du in einem Flugzeug sitzt, so lautet die Antwort: „Ja." Sich zu erden, nimmt die Flugangst. Stelle dir eine Schnur vor, die, von dir ausgehend, durch den Himmel in die Erdmitte sinkt.

Man hat mich gefragt, ob es nicht gefährlich sei, sich im Flugzeug zu erden, da es nach unten gezogen werden und zerschellen könnte. Aus meiner Erfahrung heraus kann ich dies nur verneinen.

Atmen

Während du dich erdest und in deinem Körper wohlfühlst, musst du gleichzeitig ruhig und rhythmisch atmen. Ruhige Selbstkontrolle äußert sich in einer sanften, regelmäßigen Atmung. Innere Unruhe zeigt sich als erstes in einer flachen, stockenden Kurzatmigkeit.

Verläuft alles normal, bemerken wir unseren Atem gewöhnlich gar nicht. Befinden wir uns in einer angespannten oder bedrohlichen Lage oder arbeiten mit Energien, sollten wir auf unseren Atem achten und ihn ruhig fließen lassen.

Dabei handelt es sich um einen stillen, anstrengungslosen Atem. Ein- und Ausatmung besitzen die gleiche angenehme Länge. Gewöhnlich zählt man bis sieben beim Ein- und erneut bis sieben beim Ausatmen, was aber nur angebracht ist, wenn man sich dabei wohlfühlt. Viele Menschen gleiten in einen entspannten Atemrhythmus, ohne dabei zu zählen.

Man kann zwischen den beiden Atemzügen auch einige Sekunden innehalten oder sie ineinander übergehen lassen. Man sollte beide Möglichkeiten ausprobieren, um festzustellen, welche Art die angenehmste ist.

Solange der Atem einfach fließt, sollte man nicht weiter darüber nachdenken, wohl aber lernen, ihn in anstrengenden Situationen in einen gleichmäßigen Rhythmus zurückzuführen. Die Beherrschung des Atems bedeutet Selbstbeherrschung. Es bedarf dieser Fertigkeit, um sich frei zu fühlen.

Stelle dir vor, jemand beleidigt dich lautstark oder versucht, dich aus der Ruhe zu bringen. Du stehst einfach da und atmest ruhig und konzentriert. Du wirst dich wohl fühlen und kreativ handeln.

Die beste Zeit für solche Atemübungen findet sich in Augenblicken, die man nicht besser nutzen kann, wie auf der Fahrt zur Arbeit, bei endlosen Zusammenkünften oder in einer Warteschlange.

Gehe folgendermaßen vor:
Lasse deinen Atem ruhig und gleichmäßig fließen.
Achte auf die gleiche Länge von Ein- und Ausatmungsperiode.
Lasse beide Atmungen sanft ineinander übergehen oder halte kurz zwischen ihnen inne, je nachdem, was dir leichter fällt. Sorge dich nicht, wo in deiner Brust der Atem sitzt, denn er wird seine richtige Stelle finden. Fühlst du dich besonders angespannt, atme ein- oder zweimal tief durch, um den Brustkorb zu befreien.

Solltest du trotz wiederholter Übung Schwierigkeiten mit der Atemführung bemerken, versuche es mit Yoga oder Meditation, Übungen, bei denen das Hauptaugenmerk auf den Atem gelegt wird. Spürst du in deiner Brust einen festsitzenden Knoten, kann dir vielleicht Rebirthing helfen, eine Atemtechnik, die tiefsitzende Verspannungen im Körper löst. Eine gute Bindegewebsmassage kann ebenfalls Erleichterung verschaffen. Stimmübungen sind gleichfalls wirksam.

Unsere geographische Lage

Zu wissen, an welchem geographischen Ort man sich befindet, trägt dazu bei, sich erdverbunden und körperlich wohl zu fühlen. Halte einen Augenblick inne.

Weist du, wo die vier Himmelsrichtungen liegen? Weißt du, in welcher Richtung der nächstgelegene Fluss fließt? Weißt du, in welcher Richtung der nächste Ozean liegt oder der Sonnenuntergang zu sehen ist? Befindest du dich auf einem Hügel oder in der Ebene? Welche Bodenbeschaffenheit besitzt die Erde unter dir, Lehm, Granit….?

Ich möchte noch mehr Fragen stellen. Kannst du in die Richtung deines Büros oder deines Zuhauses weisen? Kannst du in die Richtung deines Lieblingsberges, -flusses oder -sees zeigen? In welcher Richtung leben deine Lieben und besten Freunde?

Was haben diese Fragen mit Energiearbeit zu tun?

Ein biologisches Naturgeschöpf dieses Planeten zu sein, bedeutet unter anderem zu wissen, wo man sich physisch befindet. Ich bin sicher, irgendwo im Unterbewussten muss man wissen, wo man ist, um sich sicher zu fühlen. Hast du dich jemals im Wald, auf dem Land oder sogar in der Stadt verlaufen und bist plötzlich in Panik geraten? Dieses Erschrecken ist ein Beweis für unseren natürlichen Instinkt.

Die Landbevölkerung oder die Naturvölker wissen genau, wo sich was befindet. Für letztere bedeutet dieses Wissen das Überleben. Menschen, die in enger Beziehung zur Natur stehen, empfinden es als völlig absurd, nicht zu wissen, wo man ist. Als Naturgeschöpfe dieser Erde müssen wir wissen, wo wir uns befinden. So einfach ist das.

Ich schlage deshalb vor, sein Umfeld genauer zu betrachten. Die Sonne geht übrigens im Osten auf. Vielleicht hilft ein Kompass.

Wenn du dir die vier Himmelsrichtungen gemerkt hast, setze dich still nieder und schaue, in welcher Richtung die Menschen und Orte sich befinden, die dir am Herzen liegen.

Wenn ich mich nach Trost oder einem stärkeren Gefühl der Sicherheit sehne, orientiere ich mich nach den vier Himmelsrichtungen und denke an meine Lieblingsorte. Dabei gehe ich in recht ungewöhnlicher Weise vor. Denke ich an den Westen, lasse ich meinen Geist über den Atlantik zum Gran Canyon gleiten, einem der aufregendsten und machtvollsten Plätze der Erde. In Richtung Norden denke ich an Schottland, an ein wunderschönes Tal mit uralten Steinen, den so genannten Clava Cairns. Ostwärts gehe ich in Gedanken zu den Alpen, nach Engelberg. Im Süden liegt Marokko, das Atlas-Gebirge, in dem ich zwei Jahre lang lebte.

Während meine Gedanken zu diesen Orten wandern, rufe ich mir ins Gedächtnis, dass ich auf der Erde lebe. Dann sorge ich dafür, dass ich fest auf dem Boden stehe. Ich verbinde mich ebenfalls mit der Weite des Himmels über mir. In der Stadt könnte ich nicht glücklich überleben, ohne mir dieser Verbindungen bewusst zu sein.

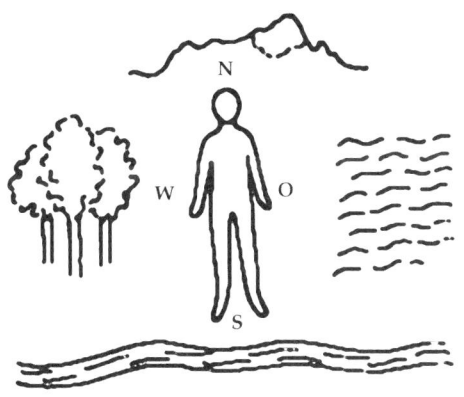

Wisse, an welchem Ort auf der Welt du dich befindest!

Jedesmal, wenn du deinen Wohnort oder Arbeitsplatz wechselst, nimm dir die Zeit, dich mit deiner neuen Umgebung vertraut zu machen. Halte Ausschau nach Hügeln, fühle die Art des Bodens unter dem Gebäude. Erkundige dich nach dem nächsten Fluss oder See. Suche in der Ortsbücherei nach alten Karten, die Aufschluss darüber geben, wie das Land früher beschaffen war. Fühle dich in das Land, auf dem du fortan lebst, ein.

Stelle dir vor, du nimmst an deinem Arbeitsplatz an einem recht schwierigen Meeting teil, das sich spannungsgeladen endlos dahinzieht. Überprüfe ein paar Minuten lang deinen Atem und deine Verbindung zur Erde. Wende deine Aufmerksamkeit denjenigen Himmelsrichtungen zu, in denen deine bevorzugten Orte liegen und geliebte Menschen wohnen. Diese Bewusstmachung bewirkt eine ungeheure Unterstützung.

Zögere nicht

Nachdem ich diese Techniken eine Zeit lang gelehrt hatte, erkannte ich, dass viele Leute sie zwar verstehen und ausüben könnten, es aber nicht tun.

Die Gründe dafür sind unterschiedlichster Natur – Übervorsichtigkeit, Ängstlichkeit, Trägheit und Faulheit. Ich habe mit vielen Menschen zusammengearbeitet, die zwar wissen, wie sie vorzugehen haben, aber keinen Gebrauch davon machen. Es soll nicht gönnerhaft klingen, aber ich weiß, einige Leute bedürfen der Ermutigung. Unternimm also etwas, irgendetwas, und zwar sofort. Experimentiere mit deinem Atem. Versuche dich zu erden. Notiere die vier Himmelsrichtungen in deinem Zimmer. Tue es jetzt.

Einigen Menschen mag es an Vertrauen mangeln. Diese Arbeit ist einfach. Es heißt, Schiffe werden nicht gebaut, um im Hafen zu bleiben. Sie werden für das offene Meer gebaut. Hast du ein Gespür für diese Arbeit, dann nimm sie unverzüglich in Angriff. Es bedarf deines Mutes und deiner Kraft. Denke daran, diese Energiearbeit kann für jeden einen sicheren und besseren Ort schaffen.

Die einzelnen Punkte zusammenfassend, bedeutet dies:
- Sei geerdet.
- Bewahre Ruhe in deinem Körper.
- Atme sanft.
- Sei dir deiner geographischen Lage bewusst.
- Unterscheide sorgfältig.
- Gehe ans Werk.

3
Schutz

Erhalte dich gesund

Jeder von uns fühlt sich irgendwann einmal für äußere Schwingungen anfällig. Diese Anfälligkeit zeigt sich besonders stark bei Belastung, Übermüdung oder im Zuge großer persönlicher Veränderungen. Man reagiert zunehmend empfindlich auf Druck und kann andere Leute nicht ertragen. Selbst nahestehenden Menschen begegnet man mit Abstand. Bei übermäßiger Verwundbarkeit spüren wir die Stimmungen anderer Leute in erdrückender Weise. Besonders schwierig wird es bei größeren Menschenansammlungen. Die Arbeit wird zur Qual, und wir beginnen, uns völlig zu verausgaben.

Der erste Schritt zum Selbstschutz heißt Schlaf, Ruhe und Entspannung. Wir sollten uns nichts vormachen. Es gibt Zeiten, in denen sind wir ein körperliches und psychisches Wrack. Wir sollten ausgeruht sein und uns seelisch wohl fühlen. Ein schwaches körperliches Nervensystem schwächt unsere Psyche.

Man muss auf sich achtgeben. Es gibt eine körperliche und eine psychische Gesundheit, die miteinander verwoben sind. Die Empfindsamkeit gegenüber Stimmungen und Energien läuft über das Nervensystem. Ist es geschwächt, können Veränderungen im eigenen Energiefeld leicht zur Belastung werden, was im Normalfall keinerlei Spannungen oder Schwierigkeiten bereiten würde.

Voraussetzung für geistigen Selbstschutz ist Gesundheit. Schlaf, Körperübungen, gesunde Nahrung, der Verzicht auf Alkohol, Tabak und Drogen, bessere Zeiteinteilung und weniger Arbeit sind wesentlich. Man zügele seinen Ehrgeiz und lebe ein anständiges, einfaches Leben.

Die in diesem Buch zusammengestellten Techniken sollten niemals auf Kosten der grundlegenden Notwendigkeit, auch auf sich selbst zu achten, ausgeübt werden. Ich kann mir vorstellen, dass ein pflichtbewusster Leser sich abmüht, die Verbindung zur Erde herzustellen, ruhig zu atmen, geistigen Selbstschutz aufzubauen und ein klares Bewusstsein zu wahren, obwohl es viel gescheiter wäre, sich einen freien Tag zu nehmen, spazierenzugehen, neben einem Baum zu sitzen oder zu schlafen.

Es gibt durchaus Zeiten, in denen es angebracht ist, sich vor äußeren Einflüssen zu schützen. Einige Menschen missbilligen diese Einstellung und fragen: „Soll das heißen, sie ermutigen die Leute, der Realität zu entfliehen und Beziehungen auszuweichen?" Das Leben ist nicht einfach. Es gibt Augenblicke, in denen sind wir überlastet oder benötigen mehr Raum. In solchen Zeiten sollten wir die Freiheit besitzen, Maßnahmen zu ergreifen, die das Leben einfacher gestalten, damit wir mit den Geschehnissen besser fertig werden. Wenn es regnet, tragen wir einen Regenmantel, was nicht bedeutet, dass wir verweichlicht sind und an der Wirklichkeit vorbeigehen. Es ist einfach sinnvoll. Sobald es nicht mehr regnet, ziehen wir den Mantel wieder aus. In gleicher Weise schützen wir uns nicht mehr, sobald unser eigenes inneres Klima sich ändert.

In diesem Kapitel beschreibe ich die grundlegende Schutzmaßnahme, die sich in allen Alltagssituationen anwenden lässt. Sie kann beim Übergang in eine neue Situation ebenso nützlich sein wie in der geschäftigen Großstadt. Vielleicht findet sie auch ihre Anwendung bei einer Versammlung, von der man weiß, dass ein Mitglied einem recht feindselig gegenübertreten wird. Außerdem werde ich beschreiben, wie man sein Haus und, falls erforderlich, einen Mitmenschen beschützen kann.

Schutzhüllen

Die wohl bekannteste Vorgehensweise ist die Bildung einer Schutzhülle, mit der man sich umgibt. Erschaue dich in einer Blase, in der dich keine unangenehme Schwingung zu berühren vermag.

Mache es dir bequem und lasse los.
Nimm Verbindung zur Erde auf und atme gleichmäßig und entspannt.
Erschaue und fühle dich von einer durchsichtigen Hülle umgeben, die dich vor negativen Schwingungen bewahrt.
Spüre die Blase, die dich vollständig einhüllt, deinen Kopf, deine Füße und deinen gesamten Rücken bedeckend.
Fühle, dass deine eigenen Schwingungen durch die Membran hindurch nach außen treten können. Spüre, dass die Hülle kein Hindernis für das Eintreten guter Schwingungen bildet.
Sei völlig entspannt und fühle dich wohl in ihr.
Sei dir klar darüber, dass keine unangenehmen äußeren Energien einzudringen vermögen.

Es gibt mehrere Möglichkeiten, diese Grundform auszugestalten. Experimentiere mit ihnen und finde heraus, bei welchen Übungen du dich am wohlsten fühlst oder welche du besonders leicht durchzuführen vermagst.

Nachdem du die Hülle aufgebaut hast, atme langsam aus und spüre, dass dein warmer, feuchter Atem deine reine Schwingung – deine Essenz – in die Hülle trägt. Fülle die Hülle mit deiner eigenen Schwingung aus. Wiederhole mehrmals diesen Vorgang.
Fülle die Hülle mit unterschiedlichen Farben. Wie fühlt sich eine grüne oder blaue Blase an? Versuche es mit einer re-

genbogenfarbenen Hülle. Vielleicht stellst du fest, dass zu bestimmten Zeiten oder in gewissen Situationen bestimmte Farben besonders gut wirken. (Jede Farbe oder jeder Ton besitzt eine unterschiedliche Schwingung. Wechselt deine Stimmung oder die Situation, mögen sich die verschiedenen, zu dir passenden Farbschwingungen ebenfalls verändern.) Mit der Zeit wirst du herausfinden, welche dir nützen.

Erfülle die Hülle mit Schutzbildern, die dir vertraut sind. Häufig handelt es sich um religiöse Symbole, wie das Kreuz, den Davidsstern, den fünfstrahligen Stern oder das Hindu-Symbol AUM, das man auch den heiligen Schöpfungslaut nennt. Es können auch mystische Gestalten sein, denen du dein Vertrauen schenkst, wie Jesus, Buddha oder Kwan Yin. (An späterer Stelle werde ich erklären, warum diese Symbole eine echte energetische Hilfe bedeuten.)

Gestalte das Innere deiner Hülle nach deinen Wünschen, um ihre Schwingung zu stärken.

Stelle dir besonders starke Symbole, wie das Kreuz oder den fünfstrahligen Stern, auf der Außenseite der Hülle vor, um ihre Membran zu kräftigen.

Schreibe auf die Außenseite Sprüche, wie „Bitte draußen bleiben" oder „Schlechte Schwingungen haben keinen Zutritt".

Wertvoller Hinweis: Vergiss nicht, die Hülle unter deinen Füßen hindurch empor zu ziehen, den gesamten Rücken hinauf. Sei geerdet und atme ruhig.

Die am häufigsten gestellte Frage betrifft das Ausmaß der Hülle. Manche Leute empfinden eine Ausdehnung von zehn bis fünfzehn Zentimetern als angenehm, andere bevorzugen sie ausgedehnter. Einige Menschen ziehen sie eng um sich, vergleichbar mit einem Gummihandschuh oder einem Taucheranzug. Die Hüllen sind elastisch, damit sie in der Menge nicht platzen oder sich öffnen, und schmiegen sich um dich, anstatt durchdrungen zu werden.

Die zweite Frage gilt der Haltbarkeit. Dies hängt davon ab, wie regelmäßig und konzentriert du die Schutzhülle bildest und wieviel Energie du hineinlegst. Solltest du dich das nächste Mal in einer schwierigen Lage befinden und versuchen, ohne vorherige Übung eine Hülle zu formen, wird sie nicht sehr wirkungsvoll sein. Damit sie richtig funktioniert, bedarf es einiger Praxis und Wiederholung. Einige Minuten täglich, etwa zwei Wochen lang, wird dir ein Gefühl dafür geben und genügen, um sie im Notfall rasch aufzubauen.

Ein überlasteter Schullehrer sollte sich etwa stündlich seiner Hülle bewusst zuwenden.

Befindet man sich unerwartet in einer beängstigenden Situation und zieht sofort eine Hülle um sich, wird diese etwa zwanzig Minuten lang bestehen bleiben, ehe du dich erneut darauf konzentrieren musst. Überprüfe, wie du dich fühlst, und stärke deinen Schutz, sobald du merkst, dass er schwächer wird, weil die äußere Atmosphäre zu dir vordringt. Du wirst mit Sicherheit seine Wirksamkeit oder deren Nachlassen bemerken.

Sich mit einer Hülle zu umgeben oder in anderer Weise zu schützen, bedeutet nicht, den Mitmenschen gegenüber kalt und abweisend zu werden, weil man im Inneren der Hülle so sein kann, wie man will. Andere Leute werden die Hülle nicht eher bemerken, als bis sie vergebens versuchen, dich einzuschüchtern. Eine solche Erfahrung mag einen vielleicht sogar belustigen.

Schutzschirm

Diese Technik findet man überall auf der Welt.

Stelle dir vor, es stehen dir einige Schirme zur Verfügung. Meistens besitzen sie eine runde Form und unterschiedliche Durchmesser. Nimm einen Schirm und lege ihn über denjenigen Körperteil, den du als sehr anfällig empfindest. Wenn meine Frau mit sehr emotionalen Leuten zu tun hat, legt sie einen kleinen, mit einem gleichschenkeligen Kreuz versehenen Schirm über ihr Sonnengeflecht. Man kann die Schirme beliebig ausschmücken. Fühlt man sich zu den Symbolen der Naturvölker hingezogen, verziere man sie entsprechend.

Gewöhnlich schützen die Menschen ihre empfindsamsten Körperstellen gemäß dem Chakra-System der indischen Medizin. Vor einem sexuell fordernden Menschen sollte man das Sexualzentrum im Bereich der Fortpflanzungsorgane abdecken. Beschäftigt man sich mit einem eigensinnigen Gegenüber, ziehe man den Schild über den Solarplexus. Denkt jemand allzu intensiv, überdecke die Augen und die Stirn. Manche schützen ihren gesamten Rumpf mit einem einzigen Schirm.

Einige benutzen einen Spiegel und spüren, wie dieser das auf sie gerichtete Schwingungsfeld zurückwirft.

Experimentiere mit den einzelnen Möglichkeiten. Wenn dir die Vorschläge zusagen, wirst du jahrelang Freude daran haben. Probiere verschiedene Formen und Größen aus. Färbe und erfülle deinen Schirm mit schützenden Bildern, die dir etwas bedeuten.

Flamme

Diese Technik ist dynamischer als der Schutzschirm. Sie stärkt das Durchsetzungsvermögen.

Siehe dich selbst als lodernde Flamme. Sie wurzelt tief in der Erde. Dein Körper bildet das Herz (vergleichbar mit einem Kerzendocht) des Feuers. Du loderst hell und kräftig. Deine dynamische Kraft und deine Glut lassen es einfach nicht zu, dass schlechte Schwingungen zu dir vordringen. Negative Gedanken und Gefühle verbrennen und schmelzen, sobald sie in dein Strahlungsfeld eintauchen. Experimentiere mit verschiedenen Farben. Violett und Gold sind die klassischen Farben der Flamme.

Nur ein Hellseher vermag die Farben tatsächlich zu sehen, aber die Leute fühlen sich sicherer in der sie umgebenden Atmosphäre.

Der Mantel

Umhülle dich mit einem wunderschönen magischen Mantel. Es kann ein unifarbener oder bunter Umhang sein. Fühle, dass er dich beschützt. Hülle dich vollständig darin ein.

Schließe dich wie eine Blume

Diese Technik erweist sich als besonders hilfreich, wenn man aus einer Gegebenheit, in der man sich weit geöffnet hat, eine weniger freundliche Umgebung betritt. Derartige Veränderungen gehören zum Alltag. Man verlässt sein Heim und geht zur Arbeit. Man spürt den Unterschied nach einer Massage oder nach einem Spaziergang im Park oder auf dem Land.

Fühle dich wie eine geöffnete Blume, deren Stengel tief in die Erde reicht. Spüre, wie sich die Blütenblätter allmählich schließen. Die Tulpe dient als wunderbares Beispiel für diese Übung.

Einige Leute, die mit den Chakras arbeiten, sehen in jedem Chakra eine Blume, die sie eine nach der anderen fühlen und schließen.

Bleivorhang

Diese Übung empfiehlt sich für Leute, die auf engem Raum zusammenleben und manchmal mehr Bewegungsfreiheit benötigen. Sie ist besonders für Paare geeignet, die in einem Zimmer nebeneinander schlafen und das Gefühl haben, dass die eigene Schwingung und die des Partners störend aufeinander wirken.

Fühle einen Vorhang zwischen dir und deinem Partner hängen. Achte darauf, dass er aus dem Boden kommt und bis zur Decke reicht. Spüre, dass er aus Blei besteht. Atme ruhig und fühle beim Ausatmen die Wärme und Feuchtigkeit deines Atems, die dazu beitragen, den Vorhang dichter und wirklicher werden zu lassen. Deine eigenen Schwingungen und die deines Partners werden dann daran abprallen.

Krafttier

Manche Menschen fühlen sich innerlich mit einem bestimmten Tier verbunden. Sie spüren und erleben den Geist des Tieres als einen Verbündeten, der sie durch schwierige Zeiten hindurchträgt.

Empfindest du eine derartige Verbindung mit einem Tier, versuche dir vorzustellen, dass du einen magischen Kopf-

schmuck oder einen Umhang trägt, der aus der Haut dieses Tieres gefertigt wurde und dir das Gefühl vermittelt, dieses Tier zu sein. Es bildet sich eine starke, schützende Aura.

Probiere diese Technik nur aus, wenn du eine klare Vorstellung von einer solchen Tierverwandtschaft besitzt. Willst du die Haut tragen, musst du dich absolut wohl darin fühlen, nicht erregt oder angriffslustig, und darfst keinen Adrenalinstoß spüren. Ich wiederhole: Du bist geerdet, ruhig und atmest gleichmäßig.

Kraftpflanzen

Es gibt Menschen die sich mit einer Pflanze in ähnlicher Weise verbunden fühlen, besonders mit großen Bäumen.

Fühle dich wie ein Baum, werde ein Baum, tief wurzelnd, mit einem kräftigen Stamm und voller Naturenergie. Nichts Unangenehmes vermag dich zu berühren.

Um Hilfe bitten

Gleichgültig, welche Schutzmaßnahme du wählst, wenn du Kontakt zu einem größeren, liebevolleren Energiefeld aufnimmst, vermagst du ihre Wirkung zu vervielfachen. Ein religiöser Hintergrund oder eine religiöse Erfahrung erleichtert diesen Vorgang. Du magst von Gott oder einem Heiligen Hilfe erflehen.

Beschütze dein Heim

Die Grundtechnik zur Bildung einer Hülle kann auch zum Schutz des Zuhauses dienen.

Sitze still, sei geerdet und atme gleichmäßig. Spüre, wie sich allmählich eine schützende Hülle um dein Haus bildet. Atme deine eigene Energie hinein. Die Hülle lässt keine störenden Schwingungen eindringen. Erfülle die Hülle mit Farbe. Finde heraus, was sich gut anfühlt. Probiere die Flammen-Technik aus oder versuche es mit der Kraft von Tieren oder Pflanzen.

Erschaue die Symbole, die dir lieb sind, über oder an den Türen und Fenstern. Zur Stärkung des Schutzes kannst du auch gegenständliche Symbole benutzen.

Lasse deinen Instinkt und deine Intuition wirken. Der Hintereingang meines Hauses wird von einem „Grünen Mann" bewacht, und über dem Haupteingang hängen drei Hufeisen. Daneben wächst ein Rosmarinstrauch, dessen Ausstrahlung reinigend und schützend wirken soll.

Das Haus wird auch von einer generellen Aura beschützt, die entstanden ist, weil wir schon viele Jahre darin wohnen. Jeden Tag zünden wir eine Kerze an, damit sie unserem Heim Harmonie und Frieden schenken möge. Ähnliches geschieht in unzähligen Haushalten überall auf der Welt. Der tägliche Gedanke und ein kleines Gebet genügen, um im Laufe der Jahre eine natürliche schützende Kraft aufzubauen, die das physische Gefüge und die Aura des Hauses durchdringt.

Wenn wir verreisen, versehen wir es mit einem stärkeren Schutz. Meine Frau Sabrina und ich haben schon früh in unserer Ehe damit begonnen. Einmal fragte sie bereits nach einigen Kilometern, ob unser Heim auch gut beschützt wäre. Mir war bekannt, dass es Diebe gibt, die äußerst vorsichtig und angespannt vorgehen und nach jedem Zeichen Ausschau halten, das sie in Schwierigkeiten bringen könnte. Aufgrund ihres ausgeglichenen Energiekörpers sind sie für Schwingungen empfänglich. Aus diesem Grunde baute ich einen speziellen Schutz auf, um sie zu entnerven. An die beiden Eingänge und vor bestimmte Fenster hatte ich das aus Gedankenenergie geformte Bild und die Ausstrahlung eines Londoner Polizisten postiert, der mit erhobenem Gummiknüppel befahl: „Ihr seid festgenommen."

Sabrina lachte und bejahte nickend meine Frage, ob sie ebenfalls für einen besonderen Schutz gesorgt hatte. Sie hatte das Haus mit einem riesigen Meer voller hungriger Haifische umgeben, die Diebe verabscheuten.

Wir wurden nicht beraubt. (Wir verschließen außerdem Türen und Fenster!)

Liebe schützt

Es gibt eine Möglichkeit, sich in völlig anderer Weise zu schützen, die, psychologisch gesehen, große Vorteile bringt.

In ihrem Kern ist auch diese Technik sehr einfach. Kommt eine Energie oder Schwingung auf dich zu, kannst du ihr eine andersartige Energie entgegensetzen, damit sie abprallt.

Sendet dir jemand einen negativen Gedanken, den man mit einer gleichermaßen negativen Gedankenkraft wegzustoßen versucht, ergeben sich weitere Schwierigkeiten. Die negative Energie wird verstärkt und das allgemeine geistige Umfeld verschmutzt. Ein solches Verhalten widerspricht der Moral. Es beeinträchtigt andere Menschen. Was die persönliche Ebene anbelangt, wird der Widerhall eines solchen Vorgehens Ähnliches anziehen.

Anstatt ebenfalls negativ zu reagieren, sollte man mit Liebe antworten – mit einem positiven und großzügigen Energieschub. Bringst du einer Energie, die dich angreift, Liebe entgegen, wird die Energie deiner Liebe den Angriff abfangen und fortstoßen. Die Liebe ist eine positive und schöpferische Energie. Wird sie dynamisch zum Ausdruck gebracht, stößt sie alles Negative fort.

Man mag einwenden, es sei heuchlerisch, dem ungeliebten Angreifer Liebe entgegenzubringen. Diese sogenannte Heuchelei ist ein Schritt in Richtung Vergebung. Ich spreche nicht von einer passiven, alltäglichen Liebe, die einem Hund gleicht, der darauf wartet, dass man ihm den Bauch krault. Ich spreche von reifen Menschen, die mit ungesunden Verhaltensweisen und negativen Schwingungen Schluss machen möchten. Sie wollen ein anständiges Leben führen, was bedeutet, gewisse positive Einstellungen zu hegen.

Seinen Feind zu lieben, ist psychologisch gesehen hilfreich, weil es die Muster von Quälerei und Aggression durchbricht. Es bedeutet Vertrauen und Wohlwollen. Es bedeutet, sich mit dem Guten zu verbinden, mit Schönheit und Liebe. Es heißt nicht, unerträgliche Handlungen gutzuheißen. Es heißt, ein entgegengesetztes Energiefeld aufzubauen, Güte zu zeigen.

Es gibt zwei Möglichkeiten.

1. Liebe deinen Feind

Vor vielen Jahren lehrte man mich eine buddhistische Übung, um seinen Feind zu lieben. Sie ist sehr stark und wirkungsvoll, denn sie wehrt ein negatives Energiefeld ab und kann angewendet werden, wenn man sich einem energetischen Angriff ausgesetzt fühlt.

Die Übung wird von einer spezielle Haltung der Hände begleitet. Dies ist nicht unbedingt erforderlich, aber die Körpersprache trägt dazu bei, sich einzuschwingen. Lege den rechten Daumen an dein Herz, während die übrigen Finger nach oben weisen. Berühre den kleinen Finger mit dem linken Daumen, die Finger der linken Hand ebenfalls nach oben gerichtet. Sei ruhig und geerdet.

Bekomme ein Gespür für deinen „Feind". Sende, ohne zu zögern oder dich zurückzuhalten, einen Laserstrahl des guten

Willens und der Liebe aus deinem Herzen und deinem Kopf direkt auf ihn oder sie. Gleichzeitig wiederhole mit absolut reiner Absicht gedanklich die Worte: „Ich liebe dich, ich liebe dich, ich liebe dich." Eine solche Liebe schießt mit einer unglaublich elektrisierenden Kraft von dir in die Person und um sie herum.

Gehe mindestens eine Minute oder sogar fünf Minuten lang in dieser Weise vor. Wiederhole die Übung, so oft du sie für angebracht hältst.

Ich liebe meinen Feind

Ich habe Leute in meinen Klassen erlebt, die Schwierigkeiten mit dieser Übung hatten, da sie sich nicht überwinden konnten, ihren Gegner zu lieben. Sie sind von Anfang an mental blockiert. Zu diesen Menschen gehören besonders diejenigen, die misshandelt worden sind. Es gibt verschiedene Techniken, um diesen Widerstand zu brechen. Stelle dir vor, du bist ein Schauspieler, der sich vollkommen in seine Rolle hineinversetzt. Handele, als ob das Stück die Wirklichkeit wäre. Prüfe, wie du dich dabei fühlst.

Natürlich kannst du auch in einer Weise von deinem Feind denken, die ihn in ein anderes Licht rückt. Stelle ihn dir als Kind oder Baby vor. Blicke in sein Herz und in seine Seele und erkenne, wie sein wahres Selbst sich bemüht, sich zum Ausdruck zu bringen. Erblicke ihn zusammengerollt und verletzbar im Bett liegen. Stelle ihn dir nackt vor. Unternimm alles, um deine Einstellung zu ändern, so dass du ihn als schwachen und verletzbaren Menschen und nicht als den vollkommen negativen Tyrannen wahrnimmst.

2. Anruf der Göttin

Es gibt eine zweite, eher weibliche Möglichkeit, dem Gegner Liebe entgegenzubringen. Sie erfordert ebenfalls absolute Klarheit in Bezug auf die Absicht und eine Zuversicht, die man durch den gesamten Körper rinnen spürt.

Ruhe in deiner Mitte und beginne, dich auf die unermessliche Liebe und Schönheit des Universums einzuschwingen. Das Universum kann als ein Meer warmer Liebe erlebt werden. Wenn die Leute manchmal über eine weibliche Gottheit reden, beschreiben sie diese Erfahrung als warmes Energiefeld der Zuneigung und Obhut. Den Geist in dieser Weise zu erfahren, gleicht dem Essen einer reifen Frucht, und man versteht, wie Kali, die hinduistische Göttin des Zerstörens, die natürlichen Vorgänge von Geburt, Tod und Wiedergeburt.

Tauche in dieses kosmische Meer wärmender Liebe ein und bitte die Göttin, sie möge den Gegner tragen und lieben. Wiederhole dieses Gebet voller Aufrichtigkeit mehrere Minuten lang oder so häufig, wie du es für angebracht hältst. Das Gebet könnte etwa folgendermaßen lauten: „Große Göttin allen Lebens. Erhabenes Meer der Liebe und Zuflucht für alle Wesen. Mutter, die du alle Dinge zum Leben erweckst, halte und um-

fange meinen Gegner mit all deiner Liebe und Kraft. Hilf dieser Person, sich dir und der kosmischen Liebe hinzugeben." Du musst diese Liebe empfinden, damit sie wirksam werden kann.

Einen anderen Menschen beschützen

Ich werde häufig gefragt, ob es möglich ist, andere Menschen zu beschützen, besonders einen geliebten Menschen oder ein Kind. In diesem Fall stellt sich die Frage, ob wir das Recht besitzen, andere vor ihren eigenen Erfahrungen zu bewahren. In Kapitel sieben werden wir näher darauf eingehen.

Es liegt in der Natur der Fürsorge für Freunde, Verwandte und geliebte Menschen, sie vor Kummer zu bewahren. Die Entscheidung, ob man das Recht dazu besitzt, kann nicht mit dem Verstand gefällt werden. Tief im Herzen, aus dem Gefühl ungebundener Weisheit heraus, wird man wissen, ob es richtig ist, eine andere Person beschützen zu wollen. Sollte man sich dazu entschließen, darf es nur aus einer vollkommen selbstlosen und reinen Haltung heraus geschehen. Ängstlichkeit, übertriebene Vorsicht und Sorge übertragen die eigene Schwingung auf den anderen Menschen und verschlimmern die Sache womöglich.

Gelingt es dir, vollkommen in deiner Mitte zu ruhen, kannst du die bereits besprochenen Techniken verwenden. Schleicht sich der geringste persönliche Wunsch oder die kleinste Sorge ein, nimm Abstand davon. Im Allgemeinen sollte man einen Erwachsenen nicht ohne seine Erlaubnis beschützen wollen.

Im Zweifelsfall – unternimm lieber nichts. Bist du dir hingegen sicher und dein Wunsch, zu beschützen und einzugreifen, hält sich in Maßen, dann beginne behutsam. Wenn du für jemanden anderen arbeitest, musst du unbedingt geerdet und völlig in deinem Körper sein, gleichmäßig atmen und in deiner Mitte ruhen. Dies verschafft dir die Gewissheit, dass deine Schwingung positiv wirkt.

Der beste Weg besteht darin, diese Techniken an andere Menschen weiterzugeben, zum Beispiel an die eigene Familie. Es mag unbequem sein, doch die wirkungsvollste Methode, engen Verwandten, besonders Kindern, eine Sache nahe zu bringen, ist es, ein gutes Beispiel zu sein. Schweben deine Kinder teilweise außerhalb ihres Körpers und verhalten sich nervenaufreibend, verhältst du dich wahrscheinlich ebenso. Bemühe dich nicht eher, andere zu belehren oder sie auf energetischer Ebene zu unterstützen, als bis du Selbstbeherrschung gelernt hast.

Vom Land in die Stadt

Lebst du auf dem Land, fühlst du dich in der Stadt wahrscheinlich unwohl. Manche Menschen werden einfach von ihr überwältigt. Ich erinnere mich gut an meine anfängliche Unsicherheit, als ich nach zwei Jahren des Rückzugs in die Berge, in denen es weder Elektrizität noch fließendes Wasser gab, in die Stadt kam. Ich empfand ihre Herausforderungen als sehr unangenehm, und es vergingen drei Monate, bis ich mich gefestigt hatte.

Aufgrund dieser Krise erkannte ich, was nötig war, um mich mit der Stadtatmosphäre auseinandersetzen zu können. Das Problem beruht meiner Ansicht nach nicht so sehr auf den Großstadtschwingungen als vielmehr auf dem Umstand, von der Natur abgeschnitten zu sein.

Es gibt eine sehr einfache und wirkungsvolle Übung, die dieses Problem löst. Sie ähnelt der im vorangegangenen Kapitel beschriebenen Methode, sich geographisch zu orientieren. Praktiziert man diese Übung jeden Tag einmal, ist sie nach etwa vier Wochen voll wirksam. Im Grunde genommen stellt sie eine Verbindung zur Natur her, gleichgültig, an welchem Ort man sich gerade aufhält.

Erde dich und ruhe in deiner Mitte. Lasse deine Aufmerksamkeit nach Norden, Osten, Süden und Westen wandern. (Die

Reihenfolge spielt keine Rolle.) Verweile jedes Mal so lange, bis dein Geist ein Naturgebiet gefunden hat, wie etwa den Atlantischen Ozean im Westen, die Arktis im Norden, die sibirischen Steppen im Osten oder die Sahara im Süden.

Versenke deinen Geist tief in die Erde und schwinge ihn anschließend hoch in den Himmel hinauf.

Erschaue dich im Zentrum eines sechsstrahligen Sterns. Sprich zu dir selbst, laut oder in Gedanken: „An jedem Ort, an dem ich mich aufhalte, bin ich mit dem Naturboden unter mir, dem Himmel über mir und der fernen Landschaft vor und hinter mir verbunden." Spüre die Verbundenheit.

Fühle sie, sobald du die Großstadt betrittst. Fühle sie durch den Asphalt und in den Straßenzügen. Sie lässt sich mühelos aufrechterhalten. In der Großstadt zu sein, bedeutet nicht, jene Verbundenheit zu verlieren. Bewahren wir sie innerhalb des Stadtumfeldes, wird sich unser Körper – unser Energiekörper – sicher und behütet fühlen, obwohl uns die lärmende Stadt umgibt.

Ich persönlich arbeite mindestens einmal am Tag an diesen Verbindungen. Bist du überarbeitet oder stehst besonders unter Druck, solltest du mehrmals täglich mit der Natur in Kontakt treten. Nimm dir vor, während solcher Zeiten möglichst häufig im Park spazierenzugehen oder dich draußen aufzuhalten. Es lohnt sich, zeitig aufzustehen, um in der freien Natur Kraft zu tanken. Achte dabei auf deine Umgebung. Betrachte die Blumen und Topfpflanzen. Berühre und umarme die riesigen Bäume. Berühre die Erde.

Wenn wir uns wohl fühlen, fällt es leicht, daran zu denken. Stehen wir unter Druck, sind die Kontakte mit der Natur besonders wichtig.

Manche Leute benutzen einen Kompass, um ihren jeweiligen Standort auszumachen, andere befestigen ihn in ihrem Auto. Ich kenne eine Krankenschwester, die ihre Hausbesuche vorwiegend in der Innenstadt absolvieren muss. Mit dem Kompass und den Fotografien der Landschaften, die sie besonders liebt, gleicht ihr Auto einem kleinen Heiligtum. Zwischen den einzelnen Patienten gönnt sie sich ein paar ruhige Minuten, um anhand der Bilder Kontakt zu den vier Himmelsrichtungen aufzunehmen. Sie ist ein gutes Beispiel für diese innere Arbeit, die sogar mitten in der Großstadt wirkt.

Die eigenen inneren Feinde kennen

Es ist wichtig, die Energien in der eigenen Aura zu verstehen. Wir werden oft von unseren inneren Schatten angegriffen, den verdrängten Bereichen der Psyche, und schreiben anderen die Schuld zu. Treffen wir auf eine Atmosphäre, die uns missfällt, besteht immer die Möglichkeit, dass deren Ursprung in unserer eigenen Psyche und Aura liegt. Diese Tatsache sollte sorgsam beachtet werden, da sie eine der größten Fallen der inneren Arbeit bildet.

Psychologisch gesehen, sind wir alle in irgendeiner Weise verletzt worden. Diese Wunden wurden oft verdrängt, um sie zu vergessen, aber sie sitzen im Unterbewusstsein und in den Emotionen. Die unterdrückten Teile befinden sich nicht nur im Verstand, sondern bilden Energieblasen, die wir in unserer Aura tragen, ohne sie zu erkennen.

Nehmen wir an, du bist in deiner Jugend ungerecht behandelt worden, hattest aber niemals die Gelegenheit, zu weinen, dich zu rächen oder zu heilen. Diese Ungerechtigkeit sitzt wie ein Beutel voll ungelöster Energie in dir. Er mag Angst, Wut, Abneigung und so fort enthalten. Er ist da, dir aber nicht bewusst.

Eines Tages befindest du dich vielleicht in einer Situation, die diese Energie in dir an die Oberfläche bringt. Du weißt nicht, dass sie zu dir gehört, und machst einen Außenstehenden dafür verantwortlich.

Die Erfahrung der eigenen Schattenenergie kann durch unterschiedliche Ereignisse ausgelöst werden. Vielleicht begegnest du einer anderen Person mit einem ähnlichen psychologischen Muster und vergleichbarer Geschichte. Auch sie wurde einmal zu Unrecht behandelt und fand niemals Gelegenheit zu heilen. Die Schwingung ihrer verdrängten Verwundung wird sich mit der Schwingung deiner eigenen Unterdrückung verbinden und als Auslöser wirken. Wir tragen verschiedene Arten unbewusster Muster und Verteidigungsmechanismen in uns, die als Energie in unserer Aura sitzen, und können ohne weiteres von jemandem mit gleicher Geschichte ausgelöst werden. Wenn man jemanden nicht mag, sollte die Frage lauten: Welchen nicht integrierten Aspekt meiner selbst stellt diese Person dar?

Vielleicht triffst du auf einen Menschen, der dich an jene Person erinnert, die dich misshandelt hat, was genügt, um im Rahmen deines eigenen psychologischen Prozesses deine verdrängte Energie an die Oberfläche zu bringen.

Die wirbelnde, kraftvolle Erdenergie gewisser Landstriche vermag ebenfalls unterdrücktes Energiematerial aufzurütteln. Ich bin vielen Leuten begegnet, die aufgrund ihrer schlechten Erfahrungen schwören, dass *Glastonbury Tor*, im Südwesten Englands, ein negativer Kraftplatz ist. Der *Tor* verfügt tatsächlich über eine ungeheure, aber neutrale Kraft, und der natürliche Energiewirbel hat lediglich alte Energien in ihnen freigesetzt, die endlich an die Oberfläche treten konnten.

Wir sollten sehr vorsichtig sein, um unsere Aura zu schützen. Anstatt uns gegen etwas Äußeres zu verteidigen, unterdrücken wir vielleicht etwas in unserem Inneren. In Fällen, in denen man Raum schaffen will, um eine schwierige Situation zu meistern, findet geistiger Selbstschutz seine Berechtigung. Wunden, die der Heilung bedürfen, sollten wir weder ignorieren noch weiterhin verdrängen.

Jahrelang erzählte ich den Teilnehmern meiner Workshops, dass ich mich aufgrund meiner naturgegebenen Sensitivität nicht ohne geistigen Schutz in eine Bar oder einen Pub begeben kann. Ich glaubte, was ich sagte, und meine Zuhörer glaubten es ebenfalls. Eines Tages erkannte ich, dass es nicht zutraf.

Als Jugendlicher war ich rau und ungehobelt gewesen und hatte mich viel in Pubs herumgetrieben. Mein raues Wesen war nach all den Jahren nicht völlig verschwunden, sondern hockte, glücklich verdrängt, in meiner Aura. Wenn ich einen Pub betrat, lockten die rauen Schwingungen meine eigene, nicht integrierte Gewalttätigkeit hervor. In Wirklichkeit fühlte ich meine eigene unterdrückte Aggression – nicht die Gewalttätigkeit des Ortes.

Ich habe viele Leute beraten, die glauben, von unangenehmen Außenstehenden angegriffen zu werden, während sie im Grunde genommen lediglich den unerkannten Aspekten ihrer selbst begegneten. Eine junge Frau fühlte sich von einem fremden Wesen in ihrem Zimmer verfolgt. Sie unterhielt sich sogar mit diesem Angreifer. Die gemeinsame Arbeit an diesem Umstand ergab, dass es sich um einen stark unterdrückten Aspekt ihrer selbst handelte, der fast ein Eigenleben angenommen hatte. Sie begann, mit ihm zu reden, sich mit ihm anzufreunden und schließlich zu erkennen, dass er zu ihr gehörte. Nach einigen Monaten war dieser Aspekt integriert, und sie vermochte ihr Leben zu leben, ohne sich beständig angegriffen zu fühlen.

Wir müssen skeptisch bleiben. Eine hundertprozentige Gewissheit unserer Wahrnehmungen und Eingebungen gibt es nicht, wohl aber eine hundertprozentige Integrität, falls wir stets die Möglichkeit in Betracht ziehen, falsch zu liegen. Ich arbeite mit dem Bild zweier Radarschüsseln, die aus meinem Kopf ragen und Innen- und Außenwelt nach Unbrauchbarem absuchen.

Voraussetzung für geistigen Schutz sind ein gesunder Körper und ein gesundes Nervensystem. Eine gesunde Persönlichkeit ist ebenfalls vonnöten. Natürlich haben wir alle unsere Eigenarten, aber die Fähigkeit – gegründet auf Stärke und Vertrauen – über uns selbst zu lachen und unseren Feinden gegenüber großzügig zu sein, bilden einen guten Anfang für die psychische Gesundheit, die diese Energiearbeit erfordert.

4

Reinigung

Gesunde Energie bewegt sich

Eine gesunde Energie befindet sich in ständiger Bewegung.
In den achtziger Jahren des 20. Jahrhunderts war einer der kleineren Seen an der Grenze zwischen den Vereinigten Staaten und Kanada aufgrund der industriellen Abfälle derartig verschmutzt, dass man von einer Katastrophe sprach, deren Schaden wohl erst in hundert Jahren behoben sein würde. Weiteren Verunreinigungen bot man gesetzlich Einhalt, und das Wasser durfte seinen natürlichen Verlauf nehmen. Innerhalb von fünf Jahren gesundete der See. Überall auf der Erde können verschmutzte Gewässer und Seen in dieser Weise genesen.

Stehendes Wasser zeigt, wie eine Energie, die sich von Natur aus unaufhörlich bewegt, ein verschmutztes Umfeld hervorruft, wenn es nicht fließen darf. Erlaubt man es ihm, seiner naturgegebenen Veranlagung nachzugehen, wird und ist es wieder gesund. Schüler von Rudolf Steiner haben ein filterfreies Wasserreinigungssystem erfunden, bei dem das Wasser ausschließlich durch verschiedene Spiralen und Wirbel fließt.

Jeder Stadtbewohner, der im Morgengrauen durch die Straßen wandert, wird die wunderbar reinigende Wirkung der frischen, von den ersten Sonnenstrahlen belebten Energieflut kennen.

Schon seit langem weiß man, dass eines der Geheimnisse der Gesundheit darin besteht, die Energie und den Körper in Bewegung zu halten.

Reinigung bedeutet somit, die Energie fließen zu lassen. Spüren wir, dass etwas der Reinigung bedarf, nehmen wir gewöhnlich ein starres Schwingungsfeld wahr – im Raum, in der Kleidung oder in einem Gegenstand. Jedes Material ist aufgrund der Hohlräume in seinem atomaren Gefüge in der Lage, Schwingungen aufzunehmen und festzuhalten. Die Beseitigung einer solchen Schwingung bedarf eines Energievorgangs, der in die Struktur des Ortes, des Gegenstandes oder der Person eindringt, um sie zu verschieben.

Geistige Reinigung basiert auf dem logischen Prinzip, eine in einem Hohlraum eingesperrte Schwingung in Bewegung zu setzen, damit sie weiterfließen kann.

Einige Leute geben zu bedenken, dass eine solche Freisetzung von Schwingungen den Planeten mit negativer Energie verseucht. Dies trifft nicht zu, denn in fast allen Fällen gesundet die Energie, sobald sie erst einmal zu fließen beginnt. In Kapitel sechs werden wir über echte Negativität reden.

Vorbereitung

Ein wesentlicher Faktor bei der Reinigung eines Raumes ist die persönliche Einstellung, da sie mit in die Arbeit einfließt. Manche Menschen verabscheuen die Hausarbeit oder erledigen sie nur widerwillig und beklagen sich dann über die Atmosphäre in ihrem Haus, die sie reinigen wollen. Sie erkennen nicht, dass sie bei jeder Reinigung ihre unwirsche Einstellung und ihren Widerwillen in das Gefüge ihres Heims hineinstrahlen.

Auch hier gilt der Grundsatz, ruhig und geerdet zu sein. Willst du einen Ort reinigen, damit er sich gut anfühlt, musst du es liebevoll tun, sonst schadest du nur.

Ehe du mit dem Reinigungsvorgang beginnst, bemühe dich, in deiner Mitte zu ruhen. Sitze still. Entspanne und erde dich und atme in einem dir angenehmen Rhythmus. Bist du völlig ruhig, versuche den Raum zu erspüren. Wie fühlt er sich an? Begrüße ihn so, als wäre er lebendig und besäße ein Bewusstsein.

Öffne die Augen und blicke langsam umher. Achte auf den Zustand des Fußbodens, der Wände und Zimmerdecke. Nimm alles in dich auf. Willst du ein Haus reinigen, setze dich still in die einzelnen Zimmer und gehe jedesmal in gleicher Weise vor. Steht dir nicht genügend Zeit zur Verfügung, verweile in einem Raum und wandere langsam durch das ganze Haus. Schaue in jeden Winkel und jede Spalte. Öffne jeden Schrank und jede Tür. Schaue in den Dachboden und unter die Treppen.

Auf diese Weise schenkst du deinem eigenen oder dem Lebens- und Arbeitsraum einer anderen Person deine volle Aufmerksamkeit. Diese halbe Stunde macht sich bezahlt. (Besitzt du Zeit und Gelegenheit, bereite den Raum, in dem dir ein wichtiges oder schwieriges Treffen bevorsteht, in dieser Weise vor.) Lasse dein Bewusstsein langsam durch den Raum wandern, damit du die richtige Einstellung und Schwingung für die eigentliche Reinigung erlangst. Reinige und schmücke deinen Raum rasch, was ihm eine anregende Atmosphäre verleihen wird.

Physische Reinigung

Nachdem du dich sorgfältig mit dem Raum vertraut gemacht hast, entscheide, was zu tun ist. Denke praktisch. Ein Zimmer, das zuerst entrümpelt und geputzt werden muss, bedarf keiner Säuberung seines Energiefeldes. In einigen Häusern liegen die Tapeten schichtweise übereinander, vollgestopft mit den Schwingungen von Jahrzehnten. Der Energiearbeit sollte eine gründliche örtliche Reinigung vorausgehen. Es ist sinnlos, sich über ein Zimmer zu beklagen, in dem Schichten von alten Teppichen übereinanderliegen. Manchmal ist es das Beste, den alten Holzfußboden wieder freizulegen.

Theoretisch besteht natürlich die Möglichkeit, einen dreckigen Platz mit einer guten Schwingung zu erfüllen. Das dauerte allerdings mindestens ein Jahr lang, und du müsstest der netteste, entspannteste und stets in seiner Mitte ruhende Heilige dieser Welt sein, so dass deine wunderbare Schwingung unaufhörlich in das atomare Gefüge eines solchen Ortes eindringen könnte.

Die meisten von uns wollen aber nicht auf einer Schutthalde wohnen. Wir benötigen die Unterstützung einer sauberen Umgebung.

Einigen Menschen fällt es tatsächlich schwer, Ordnung zu halten. Wenn ich ihnen erkläre, dass man am besten mit einer fröhlichen und liebevollen Einstellung an die Reinigungsarbeiten geht, sehen sie krank aus. Solltest du dich angesprochen fühlen, gibt es eine hilfreiche Gedanken-Übung.

Entspanne dich und schließe die Augen. Denke an den dreckigsten Platz in deinem Haus. Gewöhnlich ist es die Schmiere hinter dem Kühlschrank oder dem Herd. Konzentriere dich darauf, lenke deine Aufmerksamkeit direkt auf die Kohlenstoffatome der alten Butter oder Margarine oder was auch immer dort klebt. Als Nächstes erkenne, dass jedes einzelne Atom dieser Schmiere einem winzigen Sonnensystem mit leuchtender, sich bewegender Energie gleicht. Es erstrahlt in wunderschönem Glanz. Man kann sich der Anmut des einzelnen Atoms nicht entziehen, es sogar mögen.

Diese Übung verführt den Geist dazu, den Dreck zu lieben, indem er sich auf ein einziges Atom konzentriert. Betrachtet er dann wieder das Gesamtbild, sieht er die Schmiere nicht mehr im Lichte eines abstoßenden Schmutzes, den du auf keinen Fall berühren wolltest. Man kann ihn wohlwollend anschauen und liebevoll fortwischen.

Man sollte auch darauf achten, dass andere Leute, die die Reinigungs-, Bau- oder Einrichtungsarbeiten verrichten, ihre Arbeit lieben. Einige Freunde, die mein Haus tapezierten, spielten Heavy-Metal-Musik in meinem Schlafzimmer und diskutierten heftig. Ich hatte meine eigenen Schwierigkeiten und konnte auf die Schwingung verzichten, die in die Schlafzimmerwände einsickerten. Sie begriffen und beruhigten sich.

Es lohnt sich, nach freundlichen Arbeitern Ausschau zu halten.

Verwendung von Schwingung und Duft

Die gründliche physische Reinigung eines Ortes erfordert eine Schwingung, die das festsitzende Energiefeld herauszulösen vermag. Fegen, Wischen, Klopfen, Staubsaugen, alle diese Tätigkeiten wirken unmittelbar auf die Struktur von Fußböden und Wänden ein und erzeugen Schwingungen. Die Fenster sollten geöffnet sein, damit die Luft zirkulieren kann und die herausgelösten Schwingungen nach draußen ziehen. Oft genügt es, einen Raum „gut zu lüften", um ihn von einer Stimmung oder einem Gefühl zu reinigen.

Die bewusste Erzeugung einer Schwingung vermag eine physische Reinigung zu unterstützen, wie auf dem Fußboden herumzustampfen, den Boden und die Wände abzuklopfen. Vorhänge, Matratzen, Kissen und Polster sollten besonders sorgfältig geklopft und geschüttelt werden. Oft muss man in Räumen lehren, in denen noch die Schwingungen der vorangegangenen Gruppe hängen. Vor allem Stühle halten die Schwingung einer Gruppe fest, besonders Polstersitze. Öffne die Fenster und schüttle Stühle und Sitze. Am besten geschieht dies draußen an der frischen Luft.

Eine Freundin beherbergte häufig Gäste über Nacht und war darauf bedacht, nach jedem Besuch den Raum von der Schwingung ihres Gastes gründlich zu reinigen. Sie öffnete weit die Fenster, ließ Musik mit einem starken Bass durch den Raum schwingen (Brahms oder Rock, je nach ihrer Laune), hängte die Daunen nach draußen und klopfte alles, einschließlich der Matratzen, mit einem Tennisschläger aus. Dieses Ritual behielt sie noch im Alter von achtzig Jahren bei, und ich kann bezeugen, dass der Aufenthalt in ihrem Gästezimmer stets ein erfrischendes Vergnügen war.

Klang erzeugt eine Schwingung in der Luft, die jeden Raum und jedes Gewebe durchdringt. Die Basstöne einer Orgel sind ein gutes Beispiel für eine Schwingung, die den Raum reinigt. Die tibetischen Hörner, zusammen mit den Zimbeln, Glocken und Gesängen erzeugen ebenfalls eine reinigende Schwingung. Du solltest einen Klang nehmen, der dir gefällt und der stark genug vibriert, um den Raum oder Gegenstand zu durchschwingen und die festsitzende Energie zu bewegen. Zarte Töne erfüllen nicht diesen Zweck. Trommel und Dudelsack sind hervorragend. Drehe alle paar Wochen deine Stereoanlage fünf Minuten lang voll auf und lasse den Klang durch das Haus schwingen. Jedesmal, wenn du spürst, dass die Energie festsitzt, schlage eine Trommel.

Einige Düfte besitzen ebenfalls eine starke Reinigungskraft. (Verschiedene Düfte haben unterschiedliche Schwingungen, ebenso wie Töne.) Die Reinigungseigenschaften einiger Düfte – Minze, Lavendel und Kiefer – sind so bekannt, dass sie in Massenproduktionen Verwendung finden. Der Osten verwendet meistens den Duft von Sandelholz. Die Ur-Einwohner Amerikas verbrennen Salbei, die in westlichen Läden oft als „qualmende Feuerstäbchen" verkauft werden. Alle diese Düfte besitzen eine starke, scharfe Schwingung, die festsitzende Energiefelder zu lösen vermag.

Aroma-Öle oder Räucherstäbchen zu verwenden, bedarf keiner Zeremonie. Lasse den Duft einfach das Zimmer erfüllen. Du kannst die Fenster die ganze Zeit über geöffnet lassen oder erst gegen Ende öffnen. Außerdem besteht die Möglichkeit, Lärm und Duft gleichzeitig einzusetzen.

Weihwasser erfüllt denselben Zweck.

Salz

Salz besitzt die Fähigkeit, die gedrückte oder „schwere" Schwingung eines Raumes aufzusaugen. Lassen wir Salz an der Luft stehen, absorbiert es die Feuchtigkeit der Atmosphäre. Gleicherweise vermag es, negative Schwingungen aufzunehmen und zu halten. Ich weiß nicht warum und wie, aber es funktioniert. Diese Eigenschaft machte man sich anfangs beim Rund- und Sprechfunk zunutze. Die Kristalle fingen die Funkwellen rasch auf.

Manche Leute lassen regelmäßig eine mit Salz gefüllte Schale im Raum stehen, um damit negative Schwingungen aufzunehmen, und wechseln sie alle paar Tage. Einige stellen sie nach einer heftigen Diskussion mit schwierigen Besuchern in ihrem Haus auf.

Als sich mein Sohn mit einer besonders hartgesottenen Gang von Graffiti-Künstlern und Skateboardern abgab, stellte ich eine Zeit lang eine Schale mit Salz vor unsere Eingangstür. Er kam mit diesen Halbstarken an, und da er unsere Abneigung im Hinblick auf ihrer Schwingung kannte, bat er sie vor Betreten unserer Wohnung, ihre Energie in der Salzschale abtriefen zu lassen. Vertraut mit *Star Wars*, wussten die Kerle genau, worum es ging, hielten ihre Handflächen über die Schale und brummten ihre Energie hinein. Sie fanden es cool.

Kristalle müssen in besonderer Weise gereinigt werden. Es gibt mehrere Methoden. Lasse sie einige Tage lang in Salzwasser liegen. Vergrabe sie im Erdreich, damit die Erdströme die Schwingungen herausziehen. Halte sie eine Weile ins Meer und lasse das sich bewegende Salzwasser die Schwingung absorbieren.

Die Atmosphäre stärken

Wurde das Schwingungsfeld durch ein schwieriges Geschäftstreffen oder eine wüste Party zerstört, sollte man es neu ausrichten und stärken. Es gibt eine einfache, aber sehr wirkungsvolle Methode. In alle vier Zimmerecken lege man den Gegenstand, der jeweils eines der vier Elemente – Erde, Wasser, Luft und Feuer – symbolisiert. Auf diese Weise kann ein Raum, eine Wohnung oder ein ganzes Gebäude stabilisiert werden. Diese Methode eignet sich für das Gästezimmer, den Schlafraum sowie zur Reinigung nach einer heftigen Auseinandersetzung oder wenn das ganze Haus von einer lärmenden Gruppe bevölkert war.

Es bedarf keiner Zeremonie. Nimm einen Gegenstand, der für dich das jeweilige Element darstellt und lege ihn in eine der vier Raumecken. Handelt es sich um eine L-Form, lege die vier Gegenstände einfach in vier Ecken, ohne dich um die fehlende Symmetrie zu kümmern.

Für die Erde kann eine kleine Tasse mit Salz dienen. Man kann auch Steine, Kristalle oder Öl verwenden.

Für das Element Wasser empfiehlt es sich, ein Glas Wasser zu nehmen.

Für die Luft entzünde ein Räucherstäbchen. Der emporsteigende Rauch versinnbildlicht die Luft. Es kann auch eine Feder sein oder ein Fächer.

Eine Kerze oder Öllampe symbolisiert das Feuer. Ist eine offene Flamme nicht möglich, genügen ein Stück roter Satin oder rotes Aluminium.

Binnen weniger Minuten, nachdem die Gegenstände platziert wurden, spürt man, wie sich die Atmosphäre zu beruhigen beginnt. Viele Skeptiker, mit denen ich arbeitete, konnten nicht glauben, dass dergleichen wirkt. Ich ermutigte sie, es einmal zu versuchen. Die offensichtliche Veränderung der Atmosphäre überraschte sie.

Man sollte die Gegenstände mindestens einige Stunden an ihrem Platz liegen lassen, vielleicht sogar einige Tage. Lasse das Räucherstäbchen erlöschen oder zünde alle paar Stunden ein neues an. Entfernst du die Symbole, schütte das Salz mit dem Wasser in den Ausguss oder versprenge sie im Garten.

Diese spezielle Methode bedient sich der vier Elemente und Ecken. Im Orient sind fünf Elemente üblich – Erde, Wasser, Holz, Feuer und Metall. In Büchern über Feng Shui, was im Chinesischen wörtlich „harmonisierende Energiearbeit" bedeutet, findet man ausführliche Angaben dazu.

Sich selbst reinigen

Sich kräftig zu schütteln, erzielt die gleiche Wirkung, als sende man eine Schwingung durch den Raum. Es setzt aufgestaute Energie frei. Manche Menschen fühlen sich energetisch angegriffen oder ausgesogen, während sie sich in Wirklichkeit mit ihrer eigenen festsitzenden und unbeweglichen Energie herumschlagen. Den Körper zu bewegen und zu schütteln, setzt nicht nur diese gefrorene Energie frei, sondern bewegt auch andere Energien.

Nehmen wir an, du begegnest jemandem, dessen Verhaltensweise aus irgendeinem Grund bedrohlich oder provokativ auf dich wirkt. Die Situation oder die Art Mensch, die du bist, lässt dich nicht gleich sichtbar, erkenntlich reagieren. Trotzdem fühlst du dich miserabel. Der Magen und das Sonnengeflecht verkrampft sich, die Muskeln und der Kopf schmerzen oder es erfasst dich ein allgemeines Schwere- oder Unruhegefühl. Vielleicht ärgerst du dich, weil du vergessen hast, deine Aura zu schützen. Es ist zu spät, du wurdest verletzt.

Zumindest glaubst du, verletzt worden zu sein. In neunzig von hundert Fällen erlebst du nur den Schmerz angstvoller Energie, die in einem Teil deines Körpers erstarrt und eingekapselt liegt. Der schnellste Weg, dich von dieser Last zu befreien, ist es, deinen Körper zu bewegen.

Schüttele dich. Recke dich. Hüpfe, springe, gehe umher. Unternimm irgendetwas, das deinen gesamten Körper in Bewegung versetzt.

Regelmäßige Körperbewegung dient Körper und Geist, der geistigen Gesundheit, dem Selbstschutz und der Reinigung. Wenn du deinen Körper nicht in Bewegung hältst, stagniert die Energie und ruft Unbehagen hervor.

Bewegung befreit und löst festsitzende Energie, was eine große Erleichterung zur Folge hat. Ich kannte Leute, die sich nicht wohl fühlten und sich mit einem komplexen psychologischen und energetischen Problem konfrontiert sahen, während sie sich nur zu schütteln brauchten. Ich meine wirklich *schütteln*. Bei der nächsten unangenehmen Begegnung suche einen Ort auf, an dem du niemanden störst, und schüttele dich kräftig aus – Hände, Ellbogen, Schultern, Kopf, Rumpf, Hüften, Beine und Füße. Bewege deine körperliche Hülle. Wenn du den Kopf schüttelst, fühle, wie deine Wangen und dein Kinn wackeln. Das befreiende Gefühl wird dich überraschen.

Vielleicht befreist du dich auch durch Schreien, Nach-Luft-Schnappen und Stöhnen, wodurch sich die Spannung verschiebt. Bei ihren Workshops löst meine Partnerin die Spannung der Gruppe mit einem kräftigen Schrei. Sie und die Teilnehmer, die ebenfalls ihre Spannung auf diese Weise lösen möchten, verschwinden eine Weile und kehren äußerst gelassen zurück. In einigen Überlieferungen dient der Klang zur Reinigung und Heilung. Das große AUM kann in einer Weise ausgesprochen werden, die der Freisetzung psychischer Blockaden dient. Den Laut einige Minuten lang schwingen zu lassen und sich anschließend kräftig zu schütteln, ist ein sehr wirkungsvolles Ritual.

Fließendes Wasser unterstützt ebenfalls den Vorgang. Die strömende Energie reinigt, wäscht und entzieht den psychischen Unrat, der in unserem Körper festsitzt. Ärzte und andere Therapeuten waschen sich die Hände zwischen den einzelnen Patienten. Abgesehen von der körperlichen Hygiene, spült das fließende Wasser außerdem die Energie des vorangegangenen Patienten ab. Die Pause zwischen den einzelnen Patienten gibt dem Arzt ein wenig Raum, um sich zu erden und wieder in seiner Mitte zu ruhen.

Ich habe mit unzähligen medizinisch tätigen Menschen gearbeitet und denke, sie sollten zumindest eine Minute bis zum nächsten Klienten verstreichen lassen. In dieser Minute können sie etwas für ihre eigene körperliche und seelische Gesundheit tun, und wenn sie nur das Fenster öffnen und sich strecken. Eigentlich sollten sie sich mehrere Minuten Zeit lassen, um ihre Energien zu sammeln.

Jeder, der sich intensiv mit anderen Menschen beschäftigt, bedarf dieser Unterbrechung. Zwischen den einzelnen Sitzungen, seien sie geschäftlicher oder anderer Natur, muss man „aufräumen". Arbeitet man in einem Büro oder an einem anderen festen Ort, sollte man seine Arbeit unter irgendeinem Vorwand kurz unterbrechen, um seine Energie in Bewegung zu setzen und die Aura zu säubern. Dieser einfache Weg der Vorsorge könnte Erschöpfungszuständen und völliger Verausgabung vorbeugen und ein Wohlgefühl schaffen. Manche Menschen sind ausgesprochen träge, und ich rate ihnen, wenigstens ans Fenster zu treten und die Wolken am Himmel zu betrachten.

Kommst du am Abend müde und mit angestauter Energie nach Hause, befreie dich. Ziehe deine Arbeitskleidung aus, wasche oder lüfte sie. Recke und dehne dich, nimm ein Bad oder dusche dich.

Gehe an die frische Luft. Lasse das Wasser oder die Luft deine im Laufe des Tages angestauten Energien in Bewegung setzen. Benutze ein Badeöl. Zünde ein Räucherstäbchen an und fächele den Rauch über deinen Körper. Vergiss nicht, die angestaute Energie aus deinen Haaren zu schütteln oder zu waschen.

Erfahre deinen eigenen Lebensraum

Sorge dafür, dass nicht ständig andere Leute in deinem Energiefeld hocken. Seinen persönlichen Raum zu spüren, ist durchaus normal und gesund. Ohne die Einwirkung von außen, vermag man die eigenen Energien und Eigenschaften zu fühlen und ein gewisses Gleichgewicht wiederzuerlangen.

Wenn du dich in deinem Leben intensiv mit anderen Menschen beschäftigst, wie als Elternteil oder Betreuer, solltest du dir regelmäßig Freiräume schaffen. Es mag dir unmöglich erscheinen, aber im Laufe des Tages gibt es immer wieder Augenblicke, in denen du alleine sein kannst – im Badezimmer, wenn alle anderen fernsehen, beim Abwasch oder während du den Kinderwagen durch den Park schiebst. Solche Augenblicke – selbst wenn sie nur ein oder zwei Minuten dauern – bieten dir die Möglichkeit, innerlich zur Ruhe zu kommen.

Vor Jahren begegnete ich einer alleinerziehenden Mutter, die der Hektik des Alltags entfloh, indem sie den Kinderwagen sehr ruhig und bedacht vor sich herschob, die Erde unter ihren Füßen spürte, ihren Atem beruhigte und ihren Körper fühlte. Sie suchte die Nähe der Bäume, um deren Kraft und tiefe Verwurzelung in sich aufzunehmen. Eine andere Frau, die sehr häufig Gastgeberin sein musste, was sie mitunter stark belastete, „verschwand" regelmäßig, um Gläser abzuspülen, sich am Spülstein mit der Erde zu verbinden und nachzuvollziehen, wie das Abwasser in die Erde sickerte. Ich kenne erfolgreiche Geschäftsleute, die während anstrengender

Sitzungen ihren Blick durch das Fenster zum Himmel schweifen lassen. Sie schalten ab und ignorieren für einen Moment ihr Umfeld, schaffen sich ein wenig Freiraum, tanken Energie und konzentrieren sich erneut auf das Geschehen.

Wenn man dem Reinigungsvorgang eine Segensenergie hinzufügt, wird seine Wirksamkeit erhöht.

5
Segen

Was bedeutet segnen?

Am besten beginnen wir mit der Definition: „Unter Segen versteht man die Übertragung einer Energie, die das Leben fördert und unterstützt, um seine Möglichkeiten zu entfalten." Ich glaube, dass der Zweck eines jeden Lebensaspektes darauf hinausläuft. Alles ist dem Wandel und Wachstum unterworfen, um sich selbst zu erfüllen. Jemanden oder etwas zu segnen bedeutet, Energie durch die eigene Aura in die Person, den Gegenstand oder den Raum fließen zu lassen, damit sie sich positiv und hilfreich dort auswirkt. Die Grundenergie ist die *bedingungslose Liebe*.

Zu segnen heißt, sich in einen möglichst liebevollen Zustand zu versetzen, um sich mit dem Energiefeld der bedingungslosen Liebe zu verbinden und diese in die Atmosphäre oder in etwas Konkretes einfließen zu lassen.

Es mag anmaßend klingen, aber jeder ist dazu in der Lage. Bis zu einem gewissen Ausmaß, im Guten wie im Schlechten, sendet man ständig irgendwelche Schwingungen aus. Wenn wir etwas segnen, strahlen wir bewusst eine positive Schwingung aus. Ein ruhiger, entspannter und mit der Erde in Kontakt stehender Mensch ist ein natürlicher Segen für sein Umfeld. Man spürt den stillen Frieden, der von ihm ausgeht. Orte der Meditation und des Gebetes sind meistens von einer wunderbaren Atmosphäre erfüllt.

Die Fähigkeit, die Schwingung eines Raums zu reinigen und umzuwandeln, besitzt auch ihre praktische Seite. Ich habe mit einigen Sozialarbeitern zusammengearbeitet, die auf diese Weise dazu beitrugen, das Schwingungsfeld schwieriger und gewalttätiger Heime zu verändern. Manche Menschen sorgen so für ein sauberes Arbeitsklima. Es gibt Arbeitgeber, die dadurch eine höhere Produktivität oder ein angenehmes Umfeld für ihre Mitarbeiter schaffen wollen. Als meine Frau zum zweiten Mal vor ihrer Führerscheinprüfung stand, entschloss sie sich, auch etwas für die anderen Prüflinge zu tun. Sie reinigte die bedrückende und ängstliche Atmosphäre, segnete den Raum und bestand die Prüfung.

Der natürliche Segen unseres innersten Selbst

Wenn wir ruhig und gelassen sind, schaffen wir ein wohltuendes Schwingungsfeld, was teilweise auf unsere friedliche Ausstrahlung zurückzuführen ist. Unsere Ruhe lässt die Seelenenergie nach außen treten. Normalerweise geht sie in unserer hektischen Gedanken- und Gefühlsaktivität unter.

Um den Segensvorgang zu verstehen, wollen wir uns zunächst dem inneren Selbst zuwenden. Unserer Stimmung entsprechend, verändert die Persönlichkeit die Schwingung, die sie ausstrahlt. Schlechte Laune erzeugt eine schlechte Schwingung. Gute Laune strahlt gute Schwingungen aus. Aber es gibt ein Seelenselbst, ein inneres Selbst im Menschen, das stets positiv schwingt.

Die allgemeine Erfahrung zeigt, dass der Mensch einen anderen Aspekt in sich entdeckt, sobald er seine Gefühle und Gedanken zur Ruhe bringt. In dieser Ruhe gibt es noch ein anderes Empfinden von Wohlgefühl. Es reicht viel tiefer als das einfache Gefühl der Entspannung. Es ist weise, anerkennend, tolerant, offen und zutiefst gütig. Wenn uns dieses Gefühl zuteil wird, erfahren wir, wer wir, überdeckt von den psychologischen und sozialen Schichten unserer Alltagspersönlichkeit, wirklich sind.

Unser wahres Selbst besitzt ein ausgesprochen angenehmes Energiefeld, das es niemals verliert. Aufgrund seiner zarten Schwingungen spüren wir es nicht, wenn uns unser Persönlichkeitsdasein gefangennimmt, aber sobald wir ruhig werden und entspannen, finden wir Zugang zu ihm. Es gibt zahlreiche religiöse Ansichten in Bezug auf das wirkliche Wesen dieses wahren Selbst – auch Seele, höheres Selbst, inneres Selbst, Geist, innerer Christus oder Atman genannt – ob es wiedergeboren wird oder sich auflöst, ob es ein Teil unserer Biologie ist und so fort. Im Zusammenhang mit den vorliegenden Ausführungen genügt es zu wissen, dass das wahre Selbst eine wunderbare Schwingung besitzt und mit den positiven Energien des Universums in Verbindung steht.

Besucht man ein Haus, in dem tagtäglich jemand eine Weile ruhig und entspannt dasitzt, wird man eine gewisse Gelassenheit dort spüren. Manche Meditationslehrer behaupten sogar, dass einige wenige Meditierende ihr Umfeld positiv verändern können.

Trotz der zarten Schwingung des Selbst mag es Augenblicke geben, in denen man die überwältigende innere Schönheit erleben darf. Es geschieht urplötzlich. Die eigene Seelenenergie zu erfahren, bedeutet ein unbeschreibliches Gefühl von Schönheit und Glückseligkeit. Es kann während der Meditation oder des Gebetes geschehen, durch den Tanz oder den Aufenthalt in der Natur hervorgerufen werden, durch die körperliche Liebe oder beim Nähren eines Säuglings. Es können Augenblicke überwältigender Schönheit sein. In den meisten Fällen müssen wir unseren Körper und unsere Persönlichkeit bewusst entspannen, um die zarte Seelenenergie zu erahnen.

Jeder sollte seinen eigenen Weg finden, der ihm Zugang zu dieser Erfahrung verschafft, die erst dann vollkommen ist, wenn sie den gesamten Körper erfasst. Dies führt uns zu den Grundvoraussetzungen zurück, nämlich mit der Erde verbunden zu sein und in unserem Körper zu ruhen. Wenn wir eine Tätigkeit ausüben, die uns mit unserem inneren Wesen verbindet, sollten wir versuchen, diese Erfahrung bewusst durch den ganzen Körper fließen zu lassen. Betrachten wir das nächste Mal vollkommen entspannt und zufrieden eine Fernsehsendung, schalten wir den Fernseher ab, achten darauf, wie wir uns fühlen und sinken in noch tiefere Entspannung.

Finde einen Weg, der dir dieses Wohlgefühl verschafft, nimm es tief in dich auf und strahle es aus. Du wirst zum Segen für dich selbst und für deine Umgebung werden. Deine gute Stimmung trägt die positiven Schwingungen deines inneren Selbst nach außen.

Das positive Energiefeld des Universums

Riesige Energiefelder der Liebe und Güte erfüllen das Universum. Natürlich gibt es Negatives und ein breites Spektrum unangenehmer Auren, die die Menschheit im Laufe von Jahrtausenden geschaffen hat, aber die Menschen bilden nur einen geringen Teil des Universums. Unsere eigenen negativen Wolken sind winzig im Vergleich zu dem unermesslichen Ozean bedingungsloser Liebe, Erleuchtung, Weisheit und Verzückung, die das gesamte Universum durchdringen. Jemand, der sich mit der Energie und dem Bewusstsein des Universums verbindet, kennt weder Niedergeschlagenheit noch innere Unruhe. Die in jeder Religion und Kultur beheimatete mystische Erfahrung des Kosmos ist die Erfahrung von Liebe und Schönheit. Das Energiefeld des unendlichen Raumes mit allen seinen Seinsebenen erfahren wir als Liebe.

Jeder hat zu irgendeinem Zeitpunkt dieses unsagbar liebende Mysterium des Lebens erfahren. Gewöhnlich gleicht es einem kurzen Aufblitzen. Erleuchtete Mystiker sind ununterbrochen mit diesem Energiefeld verbunden. Sie sind sich dessen, was jenseits des menschlichen Energiefeldes liegt, fortwährend bewusst. Sie tauchen in die unendlichen Schwingungen der Erde und des Universums ein.

Wir alle können Mystiker sein, wenn wir nur innehalten wollten, um uns den Augenblicken magischer Liebe in unserem Leben bewusst zu werden.

Zu segnen bedeutet, sich bewusst mit der unsagbaren Güte des Kosmos zu verbinden und sie in gewisse Bereiche einfließen zu lassen.

Die Grundtechnik des Segnens

Bist du ruhig, strahlen dein Körper und dein Energiefeld eine angenehme Atmosphäre aus. Willst du ein bestimmtes Objekt segnen, musst du deine Energie konzentrieren, damit sie sich in der atomaren Struktur verankert.

Man kann den Segen durch die Hände direkt in die physische Materie fließen lassen. Überall auf der Welt gibt es Menschen, die Gegenstände durch die Ausstrahlung ihrer Handflächen und Fingerspitzen segnen. Hände bilden den geringsten Widerstand und sind natürliche Werkzeuge der segnenden Lebenskraft.

Unter normalen Umständen kann man die Wärme spüren, die den Handflächen und Fingerspitzen entströmt. Entspanne dich, schließe die Augen und strecke die Hände aus, als wolltest du die Erde segnen. Du solltest ein feines, warmes Kribbeln in ihnen spüren.

Halte die Hände wie zum Gebet, doch ohne dass sich die Handflächen berühren, und fühle die Energie zwischen ihnen. Manche Leute vermögen diese schimmernde Energie zwischen ihren Händen zu sehen, so wie sie auch die Aura eines Baumes oder die in der Luft funkelnde Vitalität wahrnehmen.

Sorge dich nicht, wenn dir diese Energie verschlossen bleibt. Fahre in deiner Segensarbeit so fort, als ob du sie füh-

len könntest. Nach einiger Zeit wirst du beginnen, sie zu erkennen.

Wenn du dich willentlich entspannst, ruhig wirst und dich erdest, wird es dir möglich sein, deine positive Stimmung gezielt auszustrahlen oder ihre Energie bewusst durch die Hände auf einen beliebigen Gegenstand zu lenken.

Der erste, einfachste Schritt des Segnens besteht darin, sich bewusst in eine gute Stimmung zu versetzen und diese Schwingung durch die Hände fließen zu lassen. Dies bedarf keiner aufwendigen Vorbereitung. Die meisten Menschen sind in der Lage, sich für einige Sekunden oder Minuten in eine positive Stimmung zu bringen.

Gleichgültig wie dir zumute ist oder wo du dich gerade aufhältst, lächele innerlich. Dieses Lächeln sitzt in deinem Magen, in deiner Brust und in deinem Kopf. Fühle die wohltuende Veränderung.

Versuche es mit einer anderen Übung. Nimm einen beliebigen Gegenstand, dessen Schwingung du verbessern möchtest. Betrachte ihn freundlich und wohlwollend. Schließe die Augen, werde ruhig und heiter. Lasse diese ruhige Heiterkeit durch deine Hände in den Gegenstand strömen. Halte den Segen fünfzehn bis dreißig Sekunden lang. Lasse dann los.

Du wirst selbst spüren, wie stark das Objekt deine Schwingung angenommen hat. Vielleicht wiederholst du den Vorgang mehrere Male, berührst dabei den Gegenstand oder hältst deine Hände in einem Abstand von etwa drei Zentimetern über ihn. Finde deinen eigenen Weg.

Die Herzregion des menschlichen Körpers besitzt eine natürliche Ausstrahlung, was ebenfalls zum Segnen genutzt werden kann.

Manchmal habe ich einen Gegenstand, den ich segnen woll-

te, in meine Brusttasche gesteckt und ihn einen Tag lang mit mir herumgetragen. Hin und wieder konzentrierte ich mich auf die Herzensstrahlung und leitete sie in den Gegenstand.

Verlegenheit, Angst und Zweifel

Je häufiger wir segnen, desto sicherer werden wir. Am Anfang hegt fast jeder den Zweifel, ob tatsächlich etwas geschieht oder ob er nur einer kindischen Vorstellung nachjagt. Manche geraten in Verlegenheit, wenn sie segnend die Hände ausstrecken, teils aus Scheu, teils aus dem seltsamen Gefühl heraus, dass es den Priestern vorbehalten bleiben sollte. Andere fühlen sich nicht würdig, etwas derartig „Heiliges" zu tun und schämen sich. Es gibt auch Leute, die sich fürchten, von der Kirche bestraft zu werden, da sie die Priester ihrer Macht berauben.

Zu segnen, ist ein ganz natürlicher Vorgang, der allen Menschen zu eigen und nicht auf die geweihten Priester einer Amtskirche beschränkt ist. Energie und Segen sind universell.

Verbindung zu größeren segnenden Energiefeldern

Die Segenskraft kann verstärkt werden, wenn wir uns an die positiven Energiefelder des Universums wenden. Dies bedeutet, bewusst Kontakt zu ihnen aufzunehmen und diese Verbindung während des Segnens aufrechtzuerhalten. Es ist nicht schwierig.

An eine Sache zu denken, ruft eine unmittelbare energetische Verbindung hervor, und man schwingt in Einklang mit ihr. Seinen Geist auf das universelle Energiefeld der Liebe zu lenken, genügt oft, um mit ihm in Kontakt zu treten. Die Begriffe Gott oder Geist sind für manche Menschen der Schlüssel dazu. Andere bevorzugen den Gedanken an heilige Wesen, Orte oder Symbole.

Das universelle Energiefeld der Liebe tritt durch den Scheitel und das Herz ein.

Entdecke dein eigenes „Tor", durch das du mit den erhabenen Wolken positiver Energie Kontakt aufnimmst. Dies kann sehr rasch und leicht geschehen, obwohl es nicht einfach sein mag, die Verbindung länger als eine Minute aufrechtzuerhalten. Einige Sekunden genügen oft schon.

Es fällt leichter, sich mit dem Energiefeld reiner Liebe zu verbinden, wenn man sich auf die Herz- und Scheitelregion konzentriert.

Werde ruhig und erde dich.
Betrachte das zu segnende Objekt freundlich und liebevoll.
Gleite in eine positive Stimmung.
Verbinde dich über dein Herz- und dein Scheitel-Chakra – entweder direkt oder über ein Bild – mit dem universellen Energiefeld der Liebe.
Bringe es durch deinen Körper in deine Hände und strahle es in den zu segnenden Gegenstand.

Einige einfache Übungen können diesen Vorgang angenehm gestalten.

Versetze dich in eine gute Verfassung und baue die Verbindung auf.

Gleichgültig, wie dir zumute ist oder wo du dich gerade aufhältst, lächele innerlich. Dieses Lächeln sitzt in deinem Magen, in deiner Brust und in deinem Kopf. Wandele diese bereits erwähnte Übung ab, indem du dich mit der Schönheit des Universums verbunden fühlst.

Stelle dich auf eine positive Stimmung um. Denke an die Schönheit der Natur und des nächtlichen Himmels. Spüre die Liebe durch das Universum strahlen. Verbinde dich mit dem wohlwollenden Universum. Versuche es. Stelle dich nur für wenige Sekunden darauf ein.

Erinnere dich an etwas Schönes

Auch diese Übung wird dir helfen, die Verbindung herzustellen. Erinnere dich an vergangene Zeiten, in denen du dich mit der erhabenen Schönheit und dem Wunder des Lebens in Einklang fühltest. Vielleicht dauerte dieses Erlebnis nur wenige Sekunden. Die Erinnerung daran genügt.

Rufe dir ein solches Erlebnis ins Gedächtnis zurück. Erinnere dich an alle Einzelheiten. Versuche ganz leicht, jene Gefühle in dir wachzurufen. Entspanne dich, lächele innerlich und lasse die erlebte Wärme durch deinen Körper rieseln. Erinnere dich vollkommen ruhig an jene Schönheit. Du musst entspannt bleiben, damit es wirkt. Führe die Übung regelmäßig aus.

Öffne dein Tor

Finde heraus, welches geistige Tor dich am besten unterstützt. Denke einige Augenblicke lang an ein Symbol, einen Ort oder eine Wesenheit, die in deinen Augen das Göttliche und Schöne darstellen. Es kann sich um eine religiöse Gestalt, wie Jesus, Buddha oder Maria, handeln oder um ein Symbol, wie das Kreuz oder der fünfstrahlige Stern, oder um einen heiligen Ort, wie Iona, Glastonbury oder einen Berg, zu dem du eine geistige Beziehung hast.

Schließe die Augen und entspanne dich. Versetze dich in eine gute Laune und lächele innerlich. Führe dir das geistige Symbol, den heiligen Ort oder die Wesenheit vor Augen. Beginne ganz vorsichtig.

Erschaue das Bild oder fühle es. Sei entspannt und geerdet. Lasse dieses Gefühl sanft in verschiedene Körperteile gleiten. Handelt es sich um Christus, erschaue oder erspüre ihn in deinem Herzen. Was fühlst du? Bringe ihn in dein Sonnengeflecht, deine Augen oder deine Kopfregion. Du wirst bemerken, dass sich das Empfinden ändert.

Spiele mit dieser Übung, ohne Druck oder Eile. Richte völlig entspannt dein Augenmerk auf die einzelnen Bereiche, ohne dich dabei zu konzentrieren.

Bewahre das Bild einen längeren Zeitraum in deinem Herzen, über deinem Kopf oder in beiden Bereichen zugleich. Am Anfang kann ein gewisser Druck auf den Augen entstehen und manchmal ein Gefühl, als platze die Schädeldecke. Das ist normal, beachte es nicht, falls es eintritt. Bleibe geerdet und atme ruhig und gleichmäßig.

Lege das Empfinden für dein geistiges Tor in dein Herz oder deine Scheitelregion. Finde heraus, wie lange du in entspanntem Zustand deine Konzentration aufrecht zu erhalten vermagst. Achte auf dein Empfinden. Beginne, eine tatsächliche

Verbindung zu dieser Wesenheit und ihrem Energiefeld zu spüren. Lasse das Energiefeld in deinen Körper gleiten. Es wird horizontal in dein Herz und vertikal in deinen Scheitel eintreten. Die meisten Menschen fühlen sich am wohlsten, wenn das Bild in ihrem Herzen ruht, anderen hingegen fällt es leichter, sich auf den Scheitel zu konzentrieren. Probiere beides aus.

Solltest du dich schwindelig oder schläfrig fühlen oder tagträumen, liegt es daran, dass du nicht ausreichend geerdet bist. Führe in diesem Fall die in Kapitel zwei beschriebene Übung durch, die dich mit der Erde verbindet.

Du wirst spüren, wie die Energie in deinen Körper eintritt und ihn durchströmt. Die Segenskraft kann deutlich verstärkt werden, wenn du die Energie anrufst und sie bittest, dich zu durchfließen.

Manche Menschen empfinden die Kraft dieser Übung sehr deutlich; andere empfinden sie nur leicht und sanft. Einige mögen sich fragen, ob überhaupt irgendetwas geschieht. In diesem Fall führe man sie geduldig aus und achte auf die feinsten Unterschiede.

Der menschliche Energiekörper ist in einer Weise aufgebaut, dass man sich mit dem wahren Selbst und den universellen Energien der Liebe am einfachsten über das Herz oder den Scheitel verbindet. In der gleichen Weise, in der die Region unterhalb des Magens mit der Sexualenergie, das Sonnengeflecht mit den Emotionen oder das Gehirn mit der Mentaltätigkeit in Zusammenhang steht, verbinden sich das Herz und der Scheitel mit den überpersönlichen und geistigen Energien. Es ist einfach die Wirkungsweise des menschlichen Energiekörpers.

Wende deine Segenskraft an

Werde ruhig. Versetze dich in eine gehobene Stimmung. Verbinde dich über deine Tore mit dem gütigen Energiefeld des Universums. Bitte die Energie über deinen Scheitel und dein Herz einzutreten. Lasse sie abwärts durch deinen Körper in die Hände strömen und segne etwas.

Segne eine Kerze. Während der Segen das Wachs und den Docht durchfließt, spüre, wie jedes einzelne Atom und Molekül von dieser neuen Schwingung erfüllt wird. Entzünde die Kerze. Der Segen wird fortwährend aus der Flamme strömen.

Oder du brennst ein Räucherstäbchen an. Der duftende Rauch verbreitet die Segnung. Segne die Nahrung, bevor du sie zu dir nimmst, oder das Wasser, mit dem du den Boden aufwischen willst.

Fromme Kritik und Furcht

Die geistige Wesenheit, zu der du Kontakt aufnimmst, wird den Segen beeinflussen. Einige religiöse Fundamentalisten mögen die Freiheit bemängeln, die wir uns hier herausnehmen und uns vorwerfen, ebenso gut mit dem Teufel Verbindung aufnehmen zu können wie mit Christus oder Maria.

Technisch gesehen, haben sie Recht. Die Methode könnte auch dazu dienen, unangenehme und negative Energien zu kanalisieren, abgesehen von einem sehr wesentlichen Punkt. Damit der Segen fließt, müssen wir geerdet sein, entspannt atmen und uns in gehobener Stimmung befinden. Es dürfen uns weder Leidenschaft noch Verlangen oder Ehrgeiz treiben. Die Schönheit fühlt sich milde und gütig an. In diesem Zustand, mit dieser Einstellung, kann man unmöglich negative Energien kanalisieren. Liebe und Güte bilden das seelische Fundament der Segnung. Sobald etwas Negatives oder persönliches Wollen auftritt, verspannt sich der Körper.

Vor dem Segen sollten zwei Punkte beachtet werden. Erstens, überprüfe deine Einstellung. Ist sie rein, moralisch und liebevoll? Zweitens, achte auf einen ruhigen, gelassenen Körper, in dem es keine Spannung gibt, besonders im Magenbereich oder im Gehirn.

Der Fundamentalist mag befürchten, dass die Überschreitung der strengen religiösen Vorschriften dazu führen könnte, auf Abwege zu geraten und dem Teufel anheimzufallen. Das ist blanker Unsinn. Im Gegenteil, die unmittelbare Erfahrung von Liebe und Güte wird die Leute dazu veranlassen, ihren eigenen Weg zu finden.

Worte, Gesten und Segenssymbole

Bestimmte Worte und Gesten, die deine Absicht widerspiegeln, können den Segen verstärken.

„Verbunden mit dem Geist bedingungsloser Liebe, segne ich diese Kerze."

„Ich bringe mich in Einklang mit dem erhabenen Geist der Liebe und segne dieses Räucherwerk."

„In Christi Namen" oder *„Die Christuskraft anrufend, segne ich diesen Gegenstand."*

„Ich gebe mich dem unendlichen Ozean der göttlichen Mutter hin und lasse ihren Segen in dieses Wasser strömen."

Wähle Worte, die zu dir passen. Zumindest sprich laut: „Ich segne diesen Gegenstand, diese Person, diesen Raum."

Durch das laute Aussprechen überträgt deine Stimme die Energie und Absicht, was die Schwingung beschleunigt. Außerdem stärkt es das Selbstvertrauen. Vielleicht scheust du dich, stotterst oder flüsterst nur. Diese natürliche Reaktion zeigt sich besonders bei einer gewissen Ängstlichkeit im Hinblick auf die Religion. Ich habe viele Frauen und Männer gesehen, denen die laute Aussprache eine neue Charakterstärke verlieh.

Bestimmte Handbewegungen bekräftigen die Segnung. Sobald die Energie die Handflächen und Fingerspitzen durchströmt, unterstütze sie mit einer symbolischen Geste. Christliche Priester bekreuzigen den Gegenstand oder die Person. Angehörige der mystischen Überlieferung werden vielleicht den fünfstrahligen Stern wählen und ein Jude den Davidsstern. Leute mit keltischem Hintergrund bevorzugen wohl das bisweilen von einem Kreis umgebene gleichschenkelige Kreuz. In der östlichen Tradition ist das Symbol AUM beheimatet.

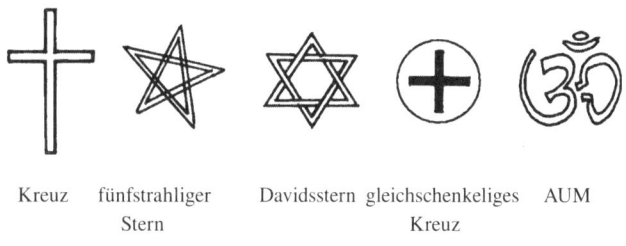

Kreuz   fünfstrahliger   Davidsstern   gleichschenkeliges   AUM
         Stern   Kreuz

Universelle Symbole

Die Verwendung dieser Symbole verleiht dem Segen zusätzliche Energie, da sie mit dem unendlichen, über Jahrtausende aufgebauten Energiereservoir verbunden sind. Ebenso wie Klang, Farbe und Duft, besitzen auch Formen ihre besondere Schwingung. Jede Form schwingt in harmonischem Einklang mit ähnlichen Formen. Die Energie des Kreuzes verbindet sich mit der Urform des Segenskreuzes, das als eigenständiges Energiefeld existiert. Zeichnest du mit der Hand das gleichschenkelige Kreuz, verbindest du dich mit der Urform seines Energiefeldes – Gleichgewicht und geerdete Harmonie.

Aus diesem Grund stabilisieren Symbole die Schutzhüllen und Schutzschilde. Die einfließende Energie wirkt verstärkend.

Man sollte die einzelnen Symbole ausprobieren, um herauszufinden, mit welchen man sich am wohlsten fühlt.

Weihwasser

In vielen Kulturkreisen benutzt man Weihwasser, um Räume, Menschen und Gegenstände zu reinigen, besonders vor dem Gottesdienst. Es gehört zu den wirkungsvollsten Mitteln. Seine Kraft zersplittert festsitzende negative Energien. Wir benutzen es regelmäßig in unserem Haus, um unliebsame Schwingungen zu vertreiben.

Beginnen wir mit dem eigentlichen Vorgang. Dazu benötigen wir eine Schale mit Wasser und einen Teelöffel Salz. Segne das Wasser. Segne das Salz. Mische beides miteinander. Versprenge das Salzwasser mit den Fingerspitzen oder einem Sprengel an den zu reinigenden Stellen. Kinder übernehmen diese Arbeit gerne.

Das Weihwasser bewahrt seine Kraft einige Tage lang. Nach seinem Gebrauch schütte es weg oder verteile es im Garten.

Meiner Erfahrung nach besitzt Weihwasser die stärkste Reinigungskraft, vor allem, wenn es in der richtigen Weise zubereitet wurde. Man sollte sich Zeit dazu nehmen. Ich persönlich spreche dabei gotisch anmutende religiöse Worte. Dem Leser bleibt es freigestellt, welche Worte er wählt, vorausgesetzt er hält sich an die Grundregeln.

Stelle die beiden Gefäße vor dich hin. Das Behältnis als solches spielt keine Rolle. Auf meinen Reisen habe ich Papierbecher benutzt, ansonsten bevorzuge ich Weingläser oder hölzerne Eierbecher.

Ruhe in deiner Mitte und stehe in Kontakt zur Erde. Konzentriere dich auf dein Herz- und Scheitel-Zentrum. Lächele innerlich und verbinde dich mit dem unendlichen Ozean kosmischer Liebe.

Lege deine rechte Hand über das Wasser und betrachte es wohlwollend. Sprich zu ihm wie zu einem lebendigen Wesen und richte dein Augenmerk auf seine atomare Struktur. „Lebendiges Wasser, im Namen Christi reinige ich dich von allen Einflüssen des Bösen und Negativen. Was du berührst, möge von allem Bösen und Negativen befreit werden." (Fehlt dir die Beziehung zu Christus, wähle ein anderes heiliges Wesen, zu dem du Zugang hast.)

Während du diese Worte sprichst, ziehe mit deiner Handfläche das gleichschenkelige Kreuz über das Wasser und fühle, wie die Energie in das Wasser dringt. (Ein anderes Symbol erfüllt denselben Zweck.)

In gleicher Weise segne das Salz.

Nimm eine Prise Salz, streue es vorsichtig ins Wasser und bekreuzige es. Wiederhole diesen Vorgang dreimal.

Halte beide Hände über die Mischung, segne sie nochmals schweigend und spüre die Kraft in jedem einzelnen Atom.

Worte und Symbole sind dir natürlich freigestellt.

„In Einklang mit allem Guten und Schönen lasse ich den Segen der Liebe in dieses Wasser fließen, so dass alles, was es berührt, reine Liebe sei…"

„Ich gebe mich der allumfassenden Macht der Göttin hin, dass ihre göttliche Umarmung durch mich hindurch in dieses Wasser strömen möge und der Negativität keinen Raum lässt…"

Der Vorgang kann auch ohne begleitende Worte durchgeführt werden. Aus der unmittelbaren Verbindung zu den reinen Energiefeldern heraus segnest du mit deinen Händen Wasser und Salz und vermischst sie anschließend.

Weihwasser kann überall hinzugefügt werden, ins Bade- oder Waschwasser oder in die Dekorationsfarbe, damit sich die funkelnde Schwingung überall verteilt.

Voraussetzungen für den Segen:

- Verbindung mit der Erde.
- Ruhig und gleichmäßig atmen.
- Gehobene Stimmung.
- An etwas Schönes und dir Heiliges denken. Verbinde dich mit den universellen Schwingungen bedingungsloser Liebe und Schönheit.
- Stelle diese Verbindung in erster Linie über das Scheitel- und Herz-Zentrum her.
- Lasse die Empfindung durch deinen Körper und aus deinen Händen fließen.
- Wenn du eine Situation segnen möchtest, lasse ihn einfach aus deinem ganzen Körper strahlen.

Die Person, die die Segensenergie weiterleitet, wird selbst gesegnet. Diese innere Arbeit schenkt Selbstachtung, das Bewusstsein zu dienen und die Erfahrung der Liebe.

6

Glück, Vertrauen und Erfolg

Einstellung und Energie

Um mit der Energie wirkungsvoll umgehen zu können, muss man glücklich, selbstsicher und erfolgreich sein. Energiearbeit ist keine Gelegenheitsarbeit. Man kann sich nicht auf spezielle Situationen einstimmen, ansonsten aber mürrisch umherlaufen. Zu einer erfolgreichen Energiearbeit gehört es, dass man selbst unaufhörlich gute Energie ausstrahlt.

In unserer heutigen Gesellschaft, in der fünf Milliarden Seelen um ihren Platz im Leben kämpfen, ist dies keine leichte Aufgabe. Aus rein materieller Sicht – Jobs und Geld – scheint es nicht jedem zu gelingen, das zu bekommen, was er möchte.

Und wenn wir nicht kriegen, was wir wollen, wie können wir dann glücklich, selbstsicher und erfolgreich sein? Wir werden überflutet mit Bildern und Erfahrungen, die uns weismachen wollen, wie Erfolg aussieht, und wenn unser Leben diesen Vorstellungen nicht entspricht, sind wir Versager. Autos, Häuser, Kleidung, Urlaub, Sex, Macht, Einfluss, Ruhm und Status, was sind wir ohne sie?

In Wirklichkeit fühlen sich die Leute trotz ihres Wohlstands und materiellen Erfolges nicht glücklich. Sie bleiben ängstlich, unruhig, kämpferisch und unglücklich. Mehrere Jahre lang habe ich die Einstellung zu Geld untersucht und keinen Fall gefunden, bei dem Wohlstand glücklich machte. Wohl aber fand ich heraus, dass glückliche Menschen aufgrund der Freiheit und Entscheidungsmöglichkeit, die ihnen das Geld brachte, noch glücklicher wurden.

Wenn sie aber nicht bereits glücklich waren, machte es kaum einen Unterschied.

Eine positive Lebenserfahrung hängt nicht von äußeren Faktoren ab, wie materiellem Erfolg, sondern vielmehr von der inneren Grundeinstellung. Sie kommt nicht von außen. Wir begehen einen schrecklichen Fehler, wenn wir glauben, dass irgendjemand oder irgendetwas da draußen – ein Liebhaber, ein Chef, ein Kind, Geld, gutes Aussehen – uns glücklich, selbstsicher und erfolgreich macht. Vielleicht tragen äußere Faktoren dazu bei, dass wir uns vorübergehend gut fühlen, aber ein bleibendes Wohlgefühl ist innerlich und persönlich.

Gefühle und Einstellungen sind Energien, ebenso Glücklichsein, Vertrauen und Erfolg. Da es sich um Energien handelt, gibt es Möglichkeiten, sie in die Persönlichkeit und den Körper zu strahlen.

Zurück zu den Grundlagen

Die Regeln der Energiewelt unterscheiden sich gewaltig von denen der menschlichen Gesellschaft. Die Welt der Energien interessiert sich nicht im Geringsten dafür, wie du aussiehst, wie schön du bist, welches Auto du fährst oder wie groß dein Haus ist. Deine Ausbildung oder Herkunft kümmert sie nicht, wohl aber, wie du dich fühlst und verhältst.

Aus dieser Sicht bedeutet ein erfolgreiches Leben ein Dasein, in dem du mehr gute als schlechte Schwingungen ausstrahlst. Die Qualität deiner inneren Haltung und Ausstrahlung zählen. *Wie* du deine Arbeit verrichtest, deine Beziehungen pflegst, darauf kommt es an. Daraus ergibt sich eine völlig neue Art der Beurteilung, ob man erfolgreich ist oder nicht.

Um eine positive Gefühlslage zu bewahren, kehren wir zu den Grundübungen, dem Rückgrat dieses Buches, zurück. Es liegt auf der Hand. Man kann sich unmöglich glücklich, selbstsicher und erfolgreich fühlen, ohne dasselbe körperlich zu spüren. Wenn wir erklären: „Ich fühle mich glücklich", ist dies eine ganzheitliche Erfahrung. Sie beschränkt sich nicht auf das Gehirn. Wir sind rundherum glücklich.

Das Gleiche gilt für das Gefühl von Selbstvertrauen und Erfolg. Die Empfindung durchdringt den ganzen Körper.

Sie wird aber verblassen, wenn man sich nicht zuerst in seinem Körper wohl fühlt, das heißt, man muss als erstes Besitz von ihm ergreifen. In bedrohlichen Situationen sollte man in der Lage sein, gleichmäßig durchzuatmen und in seiner Mitte zu ruhen.

Die Möglichkeiten, bedrohlichen äußeren Schwingungen zu begegnen, haben wir bereits besprochen. Aber auch innere Bedrohungen blockieren das Gefühl von Glück, Selbstvertrauen und Erfolg. Wir alle unterliegen unseren persönlichen Schatten, Gedanken und Emotionen, die unser Wohlgefühl beeinträchtigen. Wir urteilen, sind eifersüchtig, fühlen uns wertlos, hintergangen und so fort. Diesen inneren Angriffen können wir ebenso entgegentreten wie den äußeren.

In dem Augenblick, in dem man an sich selbst zu zweifeln beginnt, Kritik übt, unsicher wird und dergleichen, erde man sich, atme durch, ruhe in seiner Mitte und arbeite daran, sich in seinem Körper wohl zu fühlen. Man spürt, wenn die innere Kritik am Werke ist, da in diesem Moment die Motivation verlorengeht, der Körper gereizt und lustlos wird, die Aufmerksamkeit schwindet und der Geist sich anderen Dingen zuwendet. Man möchte entfliehen oder einschlafen. Erinnere dich an das Bild des Kampfsportlers, die Füße fest auf dem Boden, die Körperenergie im unteren Bauchbereich, gleichmäßig atmend, mit unbeweglichem Gesichtsausdruck und ruhigen Augen, heiter und gelassen. Kannst du dir ein besseres Gegenüber der inneren Schatten vorstellen, die danach trachten, dich zu entmachten?

Manchmal sind die negativen Gefühle vielleicht so heftig, dass es unmöglich erscheint, sie zu bezähmen, sich zu erden und in seiner

Mitte zu ruhen. Man kann zunächst die Zähne zusammenbeißen und bis zehn zählen, sich dreißig Sekunden Zeit lassen, ehe man beginnt, seine Mitte zu finden.

- Erde dich.
- Verweile ruhig in deinem Körper.
- Atme sanft.
- Sei dir deiner geographischen Lage bewusst.
- Unterscheide sorgfältig.
- Und nun los.

Diese Elemente bilden ebenfalls die wesentliche Grundlage für ein allgemeines Wohlgefühl, was dich glücklich, selbstsicher und erfolgreich fühlen lässt.

Glück

Eine gesunde Energie bewegt sich. Eine festgefahrene Energie ruft Unwohlsein hervor. Sich unglücklich zu fühlen, bedeutet, dass die Energie ins Stocken geraten ist. Glück ist eine warme, fließende Energie. Sie ähnelt dem Humor.

Ich glaube, Humor bedeutet, wenn eine Energie etwas in Bewegung versetzt, das wir eigentlich als festgefahren betrachten. Dabei kann es sich um einen Gegenstand, eine Person, eine Situation, eine Idee oder eine Emotion handeln. Wenn ein Bischof auf einer Bananenschale ausrutscht, wird das Bild der Würde von einer Energie durchzuckt. (Würde ist doch steckengebliebene Energie, oder?) Verbotene oder gefährliche Gedankengänge werden lustig, wenn die Energie neuer Ideen sie durchzieht. Ein Clown durchbricht starre Vorstellungen, indem er sie energetisch durchdringt.

Im Lachen erkennt man in zunehmendem Maße eine große Heilkraft. In Großbritannien gibt es sogar eine staatliche Klinik, in der Lachen therapeutisch eingesetzt wird. Aus biochemischer Sicht setzt das Gehirn beim Lachen chemische Stoffe des Wohlgefühls (Endorphine) im Körper frei, die man im gesamten Organismus spürt.

Humor, der sich auf die Ebene entspannten Wohlgefühls abschwächt, bedeutet, glücklich zu sein. Unter Glücksgefühl versteht man eine Energie, die fortwährend durch den Körper wogt. Einige moderne Mystiker vergleichen Gott mit einem Ozean gütiger Energie. Glückliche Menschen stehen fest auf dem Boden, sind ganz in ihrem Körper und ununterbrochen mit diesem wohlwollenden, gütigen Energiemeer verbunden.

Glückliche Menschen sind nicht wirklichkeitsfremd. Im Gegenteil, sie gewinnen einen besseren Blick für das Leid. Weisheit und Mitgefühl sind die Begleiter des Glücks.

Um dieses allgemeine Wohlgefühl zu erlangen, muss die Energie unablässig durch den ganzen Menschen strömen, durch seine Emotionen, seinen Geist und seinen physischen Körper. Wir erkennen die Bewegung daran, dass wir uns entspannt und duldsam fühlen. Duldsamkeit ist ein fließendes, elastisches Energiefeld. Wohlwollen verdunstet nicht, wenn man sich Dingen gegenüber sieht, die man weder bejaht noch mag.

Glücklichsein und Toleranz sind gute Freunde. Toleranz als Energie ist das Gegenteil von kühl, steif, träge oder überheblich. Toleranz beugt sich und fließt.

Wenn du glücklich bist und auf Negativität stößt, erstarrst du nicht oder schlägst gleichermaßen zurück. Deine Energie bleibt in Bewegung, während du geerdet bist und ruhig atmest – und dir den nächsten Schritt überlegst. Hierin liegt das Wesen des Glücklichseins. Du fühlst dich wohl in deinem Körper und reagierst beweglich auf das Geschehen. Die Energie bleibt in Bewegung und gerät weder durch Furcht noch durch Hass oder Ablehnung ins Stocken. Deine Schwingung bleibt positiv und wohlwollend.

Körpergefühl

Man sollte seinen Körper so annehmen, wie er ist, und sich in ihm wohl fühlen. Es ist äußerst wichtig, ihn zu mögen. Er kann sich nicht wohl fühlen, wenn man ihn nicht mag. Man muss ihn mögen und akzeptieren. Behinderten Menschen oder Leuten, die ihr Äußeres nicht leiden können, mag diese Einstellung nicht leicht fallen. Die liebevolle Annahme des physischen Vehikels hält die wärmende Energie der Liebe in Bewegung.

Die liebevolle Beziehung zum eigenen Körper lässt erkennen, welche Nahrung und Bewegung er benötigt. Im Allgemeinen wünscht er sich eine gesunde Ernährung und regelmäßige Bewegung, was individuell verschieden sein kann. Man sollte mit Freude essen und sich bewegen.

Ich persönlich mache Yoga, schwimme und wandere, was ohne Begeisterung nutzlos wäre. Reine Pflichterfüllung macht nicht glücklich. Ich könnte mich modisch trimmen, aber wozu?

Wir müssen uns an den Bewegungen unseres Körpers erfreuen, dann werden wir glücklich. Dazu gehört auch das innere Lächeln. Es gibt eine Chi-Gung-Übung, die uns lehrt, jedem unserer inneren Organe ein Lächeln zu schenken. Es dient der Gesundheit und Heilung.

Sitze still da, sei geerdet und ruhe in deiner Mitte. Du wirst dein inneres Lächeln erkennen. Wenn du möchtest, beginne tatsächlich zu lächeln. Fühle, wie sich allmählich Wohlwollen und Zuneigung in dir aufbaut. Übertrage diese Ausstrahlung auf deinen physischen Körper und seine Organe.

Lenke deine Aufmerksamkeit nach innen, so als blicktest du durch die Kehle abwärts in die große Höhle deines Rumpfes. Du schaust von oben auf deine Organe. Begrüße sie der Reihe nach – Herz, Lunge, Leber, Niere und so fort – mit einem warmen inneren Lächeln und wünsche ihnen alles Gute. Du spürst ihre anerkennende Reaktion.

Du musst deinen Körper liebevoll in Bewegung halten. Wenn du am Morgen aufwachst, durchatme ihn bewusst und glücklich, beginnend mit den Zehen.

Bejahung der Emotionen

Mit den Emotionen sollte man sorgsam umgehen und darauf achten, dass sie nicht zur Gewohnheit werden, sondern fließend bleiben. Selbst unter belastenden Umständen dürfen sie nicht stagnieren.

Man sollte seinen Emotionen bejahend gegenübertreten. Den eigenen Sinn für Humor oder seine Großzügigkeit zu mögen, fällt nicht schwer. Schwieriger wird es, seiner Eifersucht oder seinem Hass liebevoll ins Auge zu blicken. Glück und Liebe kennen keine Bedingungen. Sie schließen nichts aus. Ebenso wie der physische Körper Wärme benötigt, sollte man seine Gefühle liebevoll annehmen. Die moderne therapeutische Beratung weiß um die zerstörerische Kraft, wenn man die Wahrheit über sich selbst leugnet. Wir müssen alles annehmen. In dieser Weise kann die warmherzige Aufmerksamkeit alle Aspekte des Seins durchfließen.

Sitze still, sei geerdet und spüre dich vollkommen in deinem Körper. Richte deine Aufmerksamkeit langsam auf den Bereich des Solarplexus, direkt unterhalb der Brustkorbmitte. Atme ruhig und werde dir der Emotionen bewusst, die in dir wirken. Du bist in der Lage, Ärger und Wut, aber auch tiefen Frieden und Liebe zu empfinden. Du kannst eifersüchtig aber auch großzügig sein. Du fühlst dich sicher und unsicher. Erkenne das gesamte Spektrum deiner Emotionen, von den ärgsten bis zu den besten. Akzeptiere sie mit einem Lächeln. Versuche, sie zu verstehen. Umarme sie. Auf diese Weise legst du den Grundstein zum Glücklichsein und ebnest den Weg zur Selbstheilung.

Körperübungen dienen unserer physischen Hülle, denn wir dehnen und strecken die Muskeln und Sehnen. Wir achten auf unsere Herz- und Lungentätigkeit und bemühen uns um einen allgemein guten Gesundheitszustand. Genauso sollten wir unsere Emotionen trainieren. Es ist gesund, den gesamten Gefühlsbereich zu spüren, nicht nur das übliche alte Muster. Es gibt Emotionen, die sollten wir tagtäglich durchleben: Lachen, Mitgefühl, Unglück, Traurigkeit, Hochstimmung und dergleichen. Es ist ratsam, diese Emotionen in irgendeiner Weise auszulösen.

Hast du versucht, ein dir ungewohntes Gefühl zu empfinden? Hast du dich mit etwas Stimmungsvollem beschäftigt? Warst du jemals als Fan bei einem Fußballspiel? Bist du in der Lage, Unglück und Freude zu empfinden? Schaust du dir Filme an, die du gewöhnlich übergehst? Filme, Bücher, Dichtung, Musik, Kunst und Drama erweitern unsere Gefühlswelt und führen uns in neue Stimmungsbereiche.

Sieh dir Comedy Shows oder Filme an, die dich zu Tränen rühren. Lausche großer Musik. Vergegenwärtige dir wundervolle Landschaften. Schenke den Armen und Bedürftigen deine Aufmerksamkeit. Unterstütze hungernde Kinder.

Lasse neue Empfindungen zu, bleibe aber an keiner Emotion haften. Wenn du ungewohnte Gefühle kennengelernt hast, werden sie dich eines Tages weder überraschen noch schrecken. Du wirst in der Lage sein, deine Güte und deine Gelassenheit zu bewahren.

Trainiere deinen Geist

Der Verstand ist der unbeweglichste Teil unserer psychologischen Struktur. Wie halten gerne an etwas fest, was wir für richtig erachten, gleichgültig, um was es sich handelt. Mentale Unbeweglichkeit ist der Fluch unserer Zeit. Eine gute Erziehung und Eltern, die uns anspornen, sollten uns zu einem flinken und gewandten Verstand verhelfen, der in der Lage ist, sich seinen Weg durch die verschiedensten Gedankengänge und Ideen zu bahnen. Im antiken Rom und Griechenland verstand man unter einem gebildeten Menschen jemanden, der erkannte, dass es sich beim Denken um einen fortlaufenden Prozess handelt, der niemals mit einer einzigen richtigen Antwort endet. Korrekte Antworten, die weiterem Denken Einhalt gebieten, sind langweilig und ungesund. Sie werden zu fixen Ideen und Vorstellungen, denen es an Beweglichkeit fehlt. Sie sind festgefahrene Mentalenergie. Sie sabotieren das Glück.

Werde ruhig und erde dich. Lenke deine Aufmerksamkeit auf den Kehlkopf und Kopfbereich. Welche geistigen Fähigkeiten besitzt du? Bist du künstlerisch oder wissenschaftlich veranlagt? Nachlässig oder genau? Entspannt oder verkrampft? Sei ehrlich mit dir selbst und stelle dir vor, du besäßest eine andere Geisteshaltung.

Achte auf deine Gedankenmuster, Projektionen, Vermutungen und Urteile. Nimm sie liebevoll an und versuche, anders zu denken. Vielleicht stehst du dem Fernsehen feindlich gegenüber und bist der Meinung, es werde ganz allgemein viel zu viel ferngesehen, was die Gesellschaft zerstöre. Denke nur wenige Sekunden lang das genaue Gegenteil: Fernsehen ist wunderbar. Es schenkt jedem Menschen freien Zugang zur Welt. Es ist mein entspannter Blick in die Welt.

Wenn du hingegen das Fernsehen liebst, denke: Ich verachte es. Es zerstört die Kreativität und verleitet zu einer rasch schwindenden Aufmerksamkeit. Die Strahlen schaden dem Körper, und es fördert die Gewalt.

Trainiere deinen Geist in der rechten Weise. Bist du ein Leben lang konservativ gewesen, versuche wie ein revolutionärer Marxist zu denken. Haben Apathie und Meinungslosigkeit dein bisheriges Leben bestimmt, hege eine Weile fanatische Gedanken. Bist du religiös, versetze dich in die Rolle eines humorvollen Atheisten. Bist du ein Atheist, erträume Argumente für die Existenz Gottes.

Halte deine Mentalenergie in Bewegung. Um seinen Geist aufzurütteln, sollte man am besten eine Zeit lang in einem völlig fremden Kulturkreis leben. Opfere ein wenig von deinen Ersparnissen und gehe in ein Entwicklungsland. Lasse deine Kultur hinter dir, damit völlig andere Formen des Denkens und Verstehens deinen Geist aufrütteln.

Falls es etwas gibt, über das sich die Leute nicht lustig machen sollen, achte sorgfältig auf Wichtigtuerei. Entspanne dich.

Unternimm etwas, das dein Herz berührt

Nachdem du deinen physischen, emotionalen und mentalen Körper trainiert hast, suche nach Situationen und Energiefeldern, die dich glücklich machen. Wenn du Musik liebst, höre sie jeden Tag. Gibt es eine Baumart, die dich besonders berührt, pflanze den Baum. Wenn kleine Kinder dich froh stimmen, stelle dich einer Spielgruppe zur Verfügung. Unternimm etwas, das dein Herz berührt.

Auch in diesem Fall gibt es eine Grundübung. Erde dich, werde ruhig und atme gleichmäßig. Gleite entspannt in eine gute Stimmung. Mache dir die Energiefelder des Glücksgefühls und der Güte bewusst. Erblicke, wie diese Energien durch deinen Körper, dein Nerven- und Blutgefäßsystem kreisen; wie sie durch deine Muskeln in die Knochen fließen und das Gehirn durchströmen. Lasse die Energien durch deine Gefühle tanzen. Du wirst die Bewegung besonders im Bereich des Sonnengeflechts, im Brustkorb und im Herzen spüren.

Deine Emotionen ergießen sich in die Aura, in der sie auf und ab wogen. Gehe in gleicher Weise mit deinem Verstand und deinen Gedanken vor.

Es gibt noch eine zweite Möglichkeit. Rufe dir Ereignisse und Situationen ins Gedächtnis, in denen du die Liebe des Universums gespürt hast und dich ein Gefühl von Zufriedenheit und Güte überkam. Berühre gedanklich jene Erfahrung und finde heraus, ob du die sie begleitenden Gefühle erneut erlebst. Sollte sich das angenehme Empfinden wiederholen, tauche tief hinein.

Vielleicht rührt ein besonderer Ort oder eine spezielle Person an dein Herz. Denke an jenen Ort oder diese Person. Verweilen bei ihnen. Fühle deine innere Reaktion, lasse sie stärker werden.

Sei erfüllt von dem guten Gefühl, das dich durchströmt. Erde dich, atme ruhig und entspanne dich wieder.

Vertrauen

Aus energetischer Sicht handelt es sich dabei um ein Gefühl innerer Stärke, das ungeachtet der jeweiligen Umstände bestehen bleibt. Echtes Vertrauen zeigt sich nicht starr wie eine Rüstung, die alles, was sie berührt, abstößt. Vertrauen setzt dich in die Lage, umzudenken und deine Meinung zu ändern, wenn es neuen Tatsachen und veränderten Kräften gegenübersteht.

Wahres Vertrauen gleicht der Kraft eines Baumes. Fest im Boden verwurzelt, vermag er sich, ohne zu brechen, zu beugen und in seine ursprüngliche Lage zurückzukehren.

Es gibt spezielle Energieübungen, die dazu dienen, Vertrauen zu erlangen und aufrechtzuerhalten. Erstens: Erkenne, dass es vollkommen unmöglich ist, sich sicher zu fühlen, wenn man nicht in seinem Körper ruht. Du musst innerlich gefestigt bleiben, ungeachtet der Energien, die auf dich zukommen.

Zweitens: Du solltest in der Lage sein, die Grundübungen, die den geistigen Schutz aufbauen, einzusetzen.

Drittens: Dein Energiefeld und dein Nervensystem müssen sich lebendig und stark fühlen. Zahlreiche Kulturen lehren Übungen, durch die eine starke Vitalität entwickelt wird, indem sie Energie aus der Erde nach oben und vom Himmel nach unten in den Körper ziehen.

Die beiden Energieströme treffen sich im Magen und im Brustkorb, wo sie die im unteren Bauchbereich sitzende Energiekugel stärken. Diese Übung belebt und kräftigt das Nervensystem, so dass du dich körperlich stark und sicher fühlst. Die fremden oder aggressiven Schwingungen der äußeren Welt werden dich nicht aus dem Gleichgewicht bringen.

Im Westen sieht man sich bei dieser Übung als Baum. Deine Wurzeln reichen durch die untere Wirbelsäule und die Füße tief in die Erde und ziehen deren Energie herauf. Deine Zweige breiten sich hoch und weit aus, indem sie die Energie des Universums aufnehmen. Die beiden Energieströme begegnen sich im Rumpf, dem kräftigen Baumstamm. Tief verwurzelt, hoch hinauf ragend, wird das Beste der Erde und des Universums im Herzen vereint.

In meinen Kursen lehre ich einen Weg des Chi Gung. Ich fordere meine Schüler auf, sich geistig mit dem Feuer im Erdinneren zu verbinden. Sie spüren, wie sie die Feuerenergie in ihren Körper emporziehen. Anschließend lenken sie ihre Aufmerksamkeit über ihren Kopf hinaus zu einem Stern – vielleicht dem Polarstern, dem Sirius oder einem Stern aus dem großen Bären. Auf diese Weise wird durch den Scheitel Energie in den Körper gezogen.

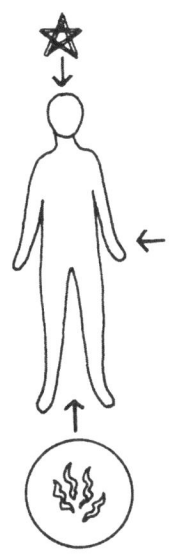

Eine dritte Energie, das Sonnenfeuer, wird horizontal hereingezogen. Spüre die Verbindung zwischen deinem Sonnengeflecht und der Sonne und ziehe sanft das Sonnenfeuer direkt in deinen Magen.

Auf diese Weise erfolgt eine dreifache Energiezufuhr: Das Feuer des Erdinnern, das Sternenfeuer und das Sonnenfeuer. Du ziehst diese drei Energien gleichzeitig in deinen Körper, wo sie sich im Bauchraum treffen, und spürst ein zunehmend stärker werdendes Glühen. Sei bei dieser Übung ruhig, geerdet und entspannt. Gelassenheit fördert die ungehinderte Integration der nährenden Lebensenergie.

Die Übung wird am besten stehend oder aufrecht sitzend durchgeführt, da die Wirbelsäule gestreckt sein sollte. Die Schultern und Füße sind in einer Linie nach vorne gerichtet, die Knie leicht angewinkelt, die Schultern zurückgenommen, die Wirbelsäule gerade – so wird die Übung im Stehen ausgeführt.

Beruhige deinen Atem, die Füße fest auf dem Boden. Lenke deine Aufmerksamkeit tief in die Erde hinein und nimm das geschmolzene Metall und die Hitze wahr. Fühle, wie die feurige Energie aus der Tiefe in deine Fußsohlen emporsteigt und ihren Weg durch die Beine und die Wirbelsäule den Rücken hinauf nimmt. Zwischen dem unteren Rückenbereich und den Schulterblättern lässt sie sich nieder. Fühle ihre Wärme und Strahlkraft.

Lenke deine Aufmerksamkeit auf die Region oberhalb des Kopfes. Vielleicht spürst du ein leichtes Knacken in deinem Schädel oder ein gewisses Spannungsgefühl im Stirnbereich. Beunruhige dich nicht. Es handelt sich um ein ganz normales Erscheinungsbild. Richte dein Augenmerk auf den Himmel über dir und verbinde dich mit irgendeinem Stern. Sei dir bewusst, dass dieser Stern selbst eine große, strahlende, kraftvolle Sonne ist. Lasse ihre Energie sanft durch den Scheitel in deine Wirbelsäule hinunter gleiten.

Dort, wo sich die Sternenenergie und die Erdenergie begegnen, beginnen sie tanzend und sich drehend miteinander zu verschmelzen und strahlende Wärme auszusenden.

Lenke diese warmen Strahlen in den unteren Magenbereich.

Dehne dein Bewusstsein zu beiden Seiten aus und verbinde dich mit der Wärme und dem Licht der Sonne. Erkenne das kraftvolle und feurige Innenleben der Sonne. Ziehe es seitwärts in deinen Magen und deinen Brustkorb.

Die Sonnenenergie trifft auf die Erd- und Sternenenergie. Lasse sie sachte miteinander verschmelzen und in deinem Unterbauch glühen.

Beginne, diese Energie durch deinen Körper fließen zu lassen, zunächst nach oben durch die Wirbelsäule und den Kopf und anschließend hinunter durch Gesicht, Brustkorb und Magen. Lasse sie spiralförmig durch und um dich herum gleiten. Führe sie durch dein Blutgefäßsystem und die Nerven in die Muskeln und Sehnen, in die Knochen und das Knochenmark. Lasse sie dich vollkommen durchstrahlen.

Halte die Energie in Bewegung. Bleibe geerdet und atme ruhig und gleichmäßig. Fühle, wie sie dich durch und durch nährt.

Sprich unterdessen Affirmationen wie: „Ich bin stark und selbstsicher." „Ich besitze das Recht, zu sein, wer ich bin." „Ich kümmere mich nicht darum, wenn die Leute anderer Meinung sind, denn ich bin ein Baum, stark und sicher."

Du gleichst einem Sonnengott, selbstsicher und strahlend. Diese Art der Selbstsicherheit zeigt sich mitfühlend und großzügig. Eine solche Energie fördert dich selbst und andere Leute.

Wird diese Übung regelmäßig und gewissenhaft durchgeführt, entwickelt sie eine gewaltige Kraft. Sie lässt dich über einen vorübergehenden Selbstschutz hinaus in eine anhaltende persönliche Stärke hinein wachsen. Sie macht Bildung und Erfahrung nicht unbedingt überflüssig, schafft aber eine feste Grundlage für eine neue Lebensauffassung, die zu allgemeinem Segen werden kann.

Erfolg

Die Welt der Energien zu verstehen, bietet die Möglichkeit, sein Leben in anderer Hinsicht auf Erfolg zu überprüfen. Erfolg wird nicht nach materiellem Besitz oder Status gemessen. Erfolg entspringt einem inneren Empfinden für Rechtschaffenheit. Man erreicht diese Integrität, wenn man sein Bestes gibt, um in Harmonie mit den Energien des Universums zu schwingen.

Das bedeutet, liebenswürdig zu sein und die physische Welt nicht zu verunreinigen. Es bedeutet, wenn man dazu aufgefordert wird, alles zu unternehmen, um Trägheit und Schwerfälligkeit zu überwinden und umzuwandeln. Es heißt auch, die Energien des eigenen Inneren bewusst hervortreten zu lassen.

Auf diese Weise wird das Leben niemals festgefahren und eintönig. Du sitzt nicht in irgendeinem kosmischen Klassenzimmer auf der Schulbank und wartest auf den Lehrer, der dich aus zehn Schülern auserwählt. Du bist Teil einer riesigen, fortwährend strömenden Energiequelle. Alles bewegt sich ununterbrochen und befindet sich in ständigem Wandel. Deine eigenen Lektionen, Stimmungen und Wege verändern sich ebenfalls.

Das Gefühl inneren Erfolges entspringt dem sehr persönlichen Empfinden, auf der ureigenen Lebenswoge dahin zu gleiten. Jeder Einzelne tut dies auf seine Weise. Das innere Gefühl, dieses stille, ruhige Empfinden von Richtigkeit, ist das gleiche. Es hat nichts mit Selbstzufriedenheit zu tun. Es hält Ausschau nach Veränderung und neuen Aufgaben. Selbst wenn man herausgefordert wird und vielleicht die Selbstkontrolle verliert oder sich fürchtet, kann man zu diesem inneren Ort stiller Integrität zurückkehren.

Wie kann es geschehen, dass man die Selbstkontrolle verliert und dennoch dieses Gefühl von Integrität und Erfolg bestehen bleibt? Aufgrund unserer Geschichte und unserer Wunden gibt es zwangsläufig Lebensbereiche, die sehr verwundbar sind und in denen der Reifungsprozess des inneren Kindes noch nicht abgeschlossen wurde. Das innere Kind ist, psychologisch gesehen, jener Teil in uns, der all die Ängste und unerfüllten Sehnsüchte enthält, die wir als Kind gehegt haben. Obwohl es sich hauptsächlich in unserem Unterbewusstsein abspielt, wird unsere Verhaltensweise stark dadurch beeinflusst, weshalb sich die moderne Psychotherapie eingehend mit dem „inneren Kind" beschäftigt. Wenn das innere Kind zusammen- oder hervorbricht, ist dies ein zu erwartender und vollkommen normaler Vorgang. Unnatürlich wäre es, ihn zu erzwingen oder zu verdrängen. Man sollte darauf achten, dass sich die ärgerlichen Muster nicht wiederholen, sondern beginnen, sie zu beschwichtigen und zu heilen.

Wir alle haben unsere eigenen Lektionen zu lernen, die Reibung und Leid beinhalten. Dies ist der normale karmische Weg. Unsere innere Integrität und das Gefühl von Erfolg kann ihn begleiten.

Weniger *was* wir tun, sondern *wie* wir es tun, bestimmt das Empfinden von Erfolg. Materielle Leistung kann das innere Selbst niemals befriedigen, es sei denn, die Leistung geht mit einer schöpferischen Einstellung und Verhaltensweise einher.

Manche Leute stürzen in eine Krise, weil sie versuchen herauszufinden, wie sie vorgehen sollen. Sie durchforschen ihre Seele, erwägen andere Tätigkeiten, fragen Freunde nach ihrer Meinung und enden schließlich in einem Angstzustand. Ich habe es viele Male wiederholt, aber jedesmal ist es dieselbe Antwort und Einsicht. Es spielt keine Rolle, was ich tue. Meine Frustration hängt nicht von meiner Arbeit ab. Alles basiert auf der Einstellung, die mein Leben durchzieht.

Frustrationen sind untrügliche Zeichen für anstehende Veränderungen. Es ist an der Zeit, intensiver nachzudenken, liebevoller, kreativer, dynamischer, hilfreicher zu sein, mehr zu führen oder mehr zu folgen. Mein inneres Selbst fordert mich auf, meine Schwingung zu ändern, damit es stärker ausstrahlt.

Im *I Ging* heißt es: „Du magst eine Stadt verändern, der Brunnen bleibt derselbe." Du magst deine äußeren Umstände verändern, mit der Realität deiner eigenen Energien musst du dich dennoch befassen.

Nehmen wir ein Beispiel aus meinem persönlichen Leben. Mit meiner Frau und einem verrückten Teenager aus erster Ehe lebte ich in einer winzigen Wohnung. Wir befanden uns in einer höchst misslichen Lage. Ich war dem Zusammenbruch nahe und wusste, dass wir eine größere Wohnung benötigten, die aber mehr Geld kostete. In dem Bemühen, den nächsten Schritt zu finden, verfing ich mich in meinen wirren Gedankengängen.

Schließlich begann ich, das Ganze näher zu beleuchten. Mein halbwüchsiger Sohn lockte meine eigenen Aggressionen und meinen Ärger hervor, die ich heilen musste. Meine Aufgabe bestand darin, mitfühlender und verständnisvoller zu werden. Sobald ich die Notwendigkeit erkannt und meine Einstellung geändert hatte, schloss ich innerlich Frieden mit der Situation. Mein Energiefeld gewann das Gleichgewicht wieder, und die Lage begann sich zu verändern. Nachdem ich meine Lektion gelernt hatte, zogen wir um.

Nehmen wir an, es hätte niemals die Möglichkeit gegeben, eine größere Wohnung zu beziehen, wie dies in vielen ärmeren Gesellschaftsschichten der Fall ist. Nehmen wir an, wir hätten alle in einem einzigen Raum leben müssen, wozu zahlreiche Familien auf unserem Planeten gezwungen sind, dann hätte ich für den Rest meines Lebens weiter gestöhnt und gemeckert. Ich musste meine Einstellung ändern.

Eine Situation wird sich niemals ändern, wenn man die Umstände dafür verantwortlich macht. Man hat keine andere Wahl, als seine Einstellung zu ändern. Manche Leute finden diese Vorstellung empörend, da sie daran gewöhnt sind, äußere Gegebenheiten für ihre Unzufriedenheit verantwortlich zu machen. Man sollte die Dinge realistisch sehen. Angenommen, du bist auf einer einsamen Insel, in einer Gefängniszelle oder auf einem Berggipfel, und niemand ist weit und breit da, der dich stören kann. Glaubst du wirklich, dass dich jahrelang weder schlechte Stimmungen noch Wut befallen? Angenommen, du wohnst in einem Palast und verfügst über eine große Dienerschaft, die deinen Launen nachgibt – glaubst du tatsächlich, du wärest frei von Stimmungsschwankungen und Depressionen? Launen, Gereiztheit und Depressionen gehören zu unserem Alltag. Sie lassen sich nur aus unserem eigenen Inneren heraus umwandeln.

Keine dieser Aussagen sollte dahingehend interpretiert werden, sich von Gegebenheiten oder Personen missbrauchen zu lassen. Man muss wissen, wo man die Grenze zieht.

Eine einfache Übung kann hier helfen. Ruhe in deiner Mitte, atme gleichmäßig und fühle deinen Körper und die Erde. Denke an irgendeine Situation oder Person, die dich längere Zeit irritiert und belästigt hat. Stelle dir vor, du kannst diesem Umstand niemals entfliehen und er wird bleiben. Beginne, innerlich zu lächeln und die Lage zu bejahen. Achte auf deinen Widerstand und Ärger. Fahre fort zu lächeln. Atme weiterhin ruhig und entspannt. Stelle dir die schlichte Frage: Wenn ich mich in dieser Situation glücklich fühlen will, wie muss ich mich dann innerlich verhalten? Welche negative Einstellung muss ich fallen lassen?

Vielleicht erkennst du es sofort, vielleicht bedarf es mehrerer Ansätze, um zu verstehen, welcher Änderung deine Haltung und deine Gefühle bedürfen.

Erfolg bedeutet auch zu wissen, auf welche Weise man der Welt, energetisch gesehen, geholfen hat. Ein ägyptischer Mythos beschreibt das Geschehen nach dem Tode. Das innere Selbst oder die Seele durchwandert eine Anzahl von verschiedenen „Tempeln des Lernens". In einer der großen Tempelkammern wird die Seele auf einer Waage im Vergleich zu einer Feder gewogen. Trägt das Energiefeld der Seele das Gewicht negativer Schwingungen oder ist es leicht, aufgrund des Dienstes an der Welt?

Verweile täglich einen Augenblick und überprüfe den Einfluss deiner Energie auf die Welt. Hast du dich unfreundlich oder selbstsüchtig verhalten, so nimm die Gedanken und Worte in dich zurück. Dieses Vorgehen ähnelt dem Einatmen von Negativität, die als Segen wieder ausgeatmet wird. Indem du die Energie fühlst, aufnimmst und transformierst, rufst du dir dein schlechtes Verhalten ins Gedächtnis zurück und beschäftigst dich erneut mit seiner Energie. Sich bei allen Beteiligten direkt zu entschuldigen, vervollständigt den Vorgang. Eine Entschuldigung zieht die negative Energie zurück und schafft die Möglichkeit zu segnen.

Die stille Überprüfung der eigenen Verhaltensweise ist an sich eine Form der Energiearbeit, da die erleuchtete Energie des aufmerksamen Geistes eine Kraft im Sinne des Guten bildet. Das „geistige Licht" durchdringt die Schatten mit Energie und setzt die alte Energie in Bewegung. Allein die Konzentration auf eine Sache wirkt erleuchtend.

Still, glücklich und zuversichtlich dazusitzen und das allgemeine und das eigene Leben zu betrachten, bedeutet, eine lichte Mentalenergie auszusenden. Sie wirkt wie ein sanfter Laserstrahl. Sie durchdringt die Schatten und das Gewirr verstaubter Muster und schiebt sie beiseite. Lässt man den erleuchteten Geist sorgsam abwägen, wer und wie man ist, vollzieht sich eine besondere Form energetischer Reinigung.

Das Fundament des wahren Erfolges besteht in der Fähigkeit, im Einklang mit den tanzenden Veränderungen zu stehen und die guten und schlechten Schwingungen zu erkennen, die man in die Welt gesandt hat.

7

Das Böse, die Furcht und fortgeschrittene Reinigungstechniken

Das Böse – Idee und Wirklichkeit

Eine Untersuchung der Schwingungs- und Energiefelder darf den Begriff des Bösen nicht außer Acht lassen. Es handelt sich um ein sehr emotionales und belastetes Thema, was nicht überrascht, da es die schrecklichsten Erfahrungen der Menschen berührt. Die Leute denken sehr unterschiedlich darüber, und viele wollen überhaupt nichts davon wissen. Einige vertreten den Standpunkt, dass man Elementen, die am besten in Ruhe gelassen werden sollten, Energie und Beachtung schenkt, wenn man an das Böse und Negative denkt oder darüber spricht. Andere – gewöhnlich diejenigen, die es niemals erfahren haben – lehnen seine Existenz ab.

Wir müssen jedoch über das Böse sprechen, da die Menschen ihm begegnen und wissen sollten, wie sie damit umzugehen haben.

Die großen Weltreligionen vertreten unterschiedliche Ansichten. Der Islam, das Judentum und das Christentum sehen in dem Bösen eine Urkraft, die uns alle in Versuchung führt, was wir nur bedingt verhindern können und vor dem wir uns mit Hilfe einer möglichst starken geistigen Gegenkraft schützen können. Sie sprechen sogar von einem bewussten Agenten, der es lenkt – dem Teufel. Bösartige Geistwesen, die Dämonen, erfüllen seinen Willen und ergreifen bisweilen vollständig Besitz von einem Menschenleben. Eine höchst unschöne Sichtweise! Zahlreiche Menschen, die in den Lehren jener drei Religionen erzogen wurden, tragen diese Vorstellungen in ihrem Unterbewusstsein. Selbst wenn sie die Religion ihrer Kindheit hinter sich gelassen haben, werden sie von ihnen verfolgt.

Der Hinduismus sieht es gelassener, da er eine Vielfalt von Kräften im Universum erkennt, zu denen auch sinnlose Grausamkeit und Zerstörung gehören. Das Böse bildet einen natürlichen Teil des kosmischen Gewebes, und das menschliche Verhältnis zu ihm hängt von der karmischen Vergangenheit des Einzelnen ab.

Der Buddhismus betrachtet das Böse als einen Aspekt menschlicher Unwissenheit, die ein erleuchtetes Bewusstsein zu transzendieren vermag.

Andererseits gilt das Böse als eine notwendige und ausgleichende Kraft im Kosmos. Wo Licht ist, muss es Dunkel geben. Das Dunkel hat durchaus seine Berechtigung. Nur menschliche Unwissenheit und Angst leugnen seine Notwendigkeit.

Esoterik und Mystik lehren jedoch eindeutig die Existenz des Bösen als einer aktiven Kraft, dem die Schwingungen von Licht und Liebe entgegengesetzt werden müssen. Im Hinblick auf eine klare Aussage bezüglich der eigentlichen Natur und Ursache des Bösen lassen sich diese Lehren nur schwierig verstehen.

Ein Energiefeld, das uns schreckt und das wir mangels eines besseren Wortes *böse* nennen, ist nichts Ungewöhnliches. Es gibt nur wenige Menschen, die sich nicht irgendwann – manchmal im Traum – einer Situation gegenüber gesehen haben, die sie zutiefst erschreckt hat. Bisweilen erwachen wir entsetzt aus einem Traum, einem Albtraum, und wissen, dass die Furcht nicht nur unseren unterdrückten Ängsten, sondern irgendeiner anderen, einer größeren Macht entspringt. Manchmal begegnen wir Menschen und erkennen sofort, dass etwas nicht stimmt, etwas, das die normalen Grenzen der Kriminalität übersteigt. Ebenso gibt es Orte mit einer stickigen, krank machenden und furchterregenden Atmosphäre. Ich bin in Nordirland auf ein solches Schwingungsfeld gestoßen. Überall auf der Welt, wo es Krieg, Terror und Folter gegeben hat, findet man sie.

Ebenso wie Minenfelder, bedürfen auch sie der Reinigung, selbst wenn der Friede erklärt wurde. Den Menschen des demokratischen Westens sind sie in ihren Gebäuden und Landstrichen weitgehend unbekannt.

Seit ich mich mit der Energiearbeit befasse, versuche ich, die Energien des Bösen zu verstehen, und habe in allen meinen Workshops dieses Thema angeschnitten. Lange Zeit hörte ich den Diskussionen nur zu und schlug den zweckmäßigsten Weg vor, mit derartigen Situationen fertig zu werden. Ich konnte nicht verstehen, was das Böse eigentlich war, kannte aber aufgrund meiner Ausbildung und persönlichen Erfahrung die einzelnen Techniken, um sich vor ihm zu schützen und es zurückzuweisen. Erst seit einigen Jahren bin ich zu einem Verständnis gelangt, das mich in etwa zufriedenstellt.

Eine mögliche Definition des Bösen

Es scheint mir, dass sich das sogenannte Böse aus zwei Komponenten zusammensetzt, einer natürlichen kosmischen Kraft und einer durch menschliches Verhalten hervorgebrachten Energie.

Die kosmische Kraft ist leicht erkennbar. Es handelt sich um den dynamischen Zyklus von Zerfall und Zerstörung, der sich in allen Naturaspekten zeigt. Der normale Rhythmus *allen* Lebens besteht in Tod, Verlust des Körpers (der Form) und Zerfall. Die Elemente, die zusammengefügt werden, um ein Leben zu erschaffen, brechen früher oder später auseinander und lösen sich auf. Dieser Zusammenbruch zeigt sich in Pflanzen, Tieren, Sternen und Galaxien. Es geschieht zwangsläufig.

In der organischen Natur wird der Vorgang von dem Geruch der Verwesung begleitet, weshalb wir ihn als sehr unangenehm empfinden. Nur wenige ertragen faulendes Fleisch in ihrer Nähe. Ein kontrollierter Komposthaufen ist uns lieber. Im Hinduismus gibt es eine besondere Gottheit, die diesen Aspekt des kosmischen Rhythmus darstellt. Kali, die Göttin der Zerstörung und organischen Auflösung, verschlingt schließlich alles.

Die zweite Dynamik des Bösen betrifft die Energiewirkung einer gewissen Art menschlicher Verhaltensweise. Dieses Verhalten ist eine quälende Zerstörung des Lebens, die Vergnügen bereitet. Es entsteht, wenn sich persönlicher Groll, Ärger und Streitsucht an die natürlichen Energien von Zerfall und Zerstörung hängen.

Wir alle unterliegen den Stimmungen von Depression, Ärger und zerstörerischer Aggression, was durchaus menschlich ist. Nehmen wir an, diese Stimmung verbindet sich – in wildem Aufruhr oder in einer Situation kollektiver Krankheit – mit der kosmischen Dynamik von Zerfall und Zerstörung. Die Kraft des Zerfalls ist universell und ungemein machtvoll. Es kann geschehen, dass wir darin verlorengehen und unser Bewusstsein von ihr übermannt wird. In dem schrecklichen Kessel unserer eigenen zerstörerischen Laune, vermischt mit der Kraft universellen Verfalls, verlieren wir jedes Gespür für das, was richtig ist und was dem natürlichen Rhythmus von Leben und Tod entspricht. In einem solchen Zustand scheinen die Leute das Zerstören und die zugefügten Schmerzen allmählich zu genießen. Sie werden in einer wahnwitzigen, genusssüchtigen und kindlichen Weise zu Sadisten.

Die Folgen zeigen sich in einem furchterregenden Verhalten. Individuen und Gruppen werden missbraucht, vergewaltigt, gefoltert und getötet.

Eine solche Verhaltensweise kann man gewiss als „böse" bezeichnen.

Unter dem Begriff des Bösen verstehe ich demnach ein destruktives menschliches Verhalten, vermischt mit der kosmischen Energie von Zerfall, an welchem der Täter Vergnügen findet. Dieser Form der Zerstörung fehlt der schöpferische Zweck.

Situationen, in denen das Böse wirkt, sind von den Schwingungen durchzogen, die Schmerz und Leid der Opfer hervorbringen.

In der feinstofflichen Atmosphäre unseres Planeten gibt es riesige Energiefelder, erfüllt von den Schwingungen bösen Verhaltens. Diese Wolken besitzen eine gewaltige und manchmal überwältigende Kraft. Sie blicken auf eine dramatische Vergangenheit zurück. Denken wir nur an die Energien, welche die Konzentrationslager der Nazis umgeben, die Schlachtfelder in Kambodscha oder die ethnische Säuberung in Bosnien. Jedesmal, wenn ein Kind vergewaltigt oder jemand qualvoll gefoltert wird, erhält dieses Energiefeld neue Nahrung.

Wir befassen uns hier mit tatsächlichen Energien. In einer Abhandlung wie der vorliegenden, dürfen sie nicht übergangen werden.

Das Böse stellt demnach ein Energiefeld dar, das sich eindeutig von der üblichen Feindseligkeit und Negativität unterscheidet. Es zieht nicht einfach vorüber. Es ist riesig, durchdringend, verführerisch und machtvoll. Es unterscheidet sich ganz klar von dem üblichen negativen Gefühl oder einem aggressiven Benehmen.

Ich stimme der Vorstellung westlicher Religionen nicht zu, dass es sich bei dem Bösen um eine aktive kosmische Kraft handelt, die danach trachtet, uns allen eine Falle zu stellen. Ich weise auch die Idee zurück, in ihm lediglich ein unwissendes menschliches Verhalten zu sehen. Ich glaube und habe die Erfahrung gemacht, dass es sich um eine starke und abweichende Form menschlichen Verhaltens handelt, die ihr eigenes unheilvolles Energiefeld erzeugt hat.

Das Böse schreckt uns und kann uns als Durchlassgefäß benutzen, wenn wir uns in einer Weise benehmen, die in Einklang mit ihm schwingt.

Wir sollten uns diese Tatsache klar vor Augen führen.

Mit dem Bösen fertig werden

Um mit einem solch mächtigen Energiefeld fertig zu werden, gibt es nur eine Möglichkeit. Sei stark. Stoße es entschieden von dir. Lasse dich nicht mit ihm ein. Versuche niemals, Kontakt zu ihm aufzunehmen oder mit ihm zu kommunizieren. (Lade das Böse nicht zu einer Tasse Tee bei dir ein, um ihm deine Meinung zu sagen.) Es besitzt zu viel Kraft. Umgib dich mit einer starken geistigen Schutzhülle und weise es entschlossen ab.

Solltest du dem Bösen begegnen, wirst du erkennen, welche Hilfe dir die Verbindung zu den großen Energiefeldern kosmischer Liebe und Erleuchtung bietet. Rufe die reinen Christus-Energien zum Schutz herab – oder irgendeine andere geistige Kraft – und sende einen Strahl direkt auf das Böse.

Ich erinnere mich an einen Wendepunkt in der Ausbildung zu meiner heutigen Arbeit. Ich lernte, während der Meditation höhere Bewusstseinszustände zu erreichen. Gleichzeitig wandte ich meine Aufmerksamkeit dem politischen Übel in der Welt zu. (Mitgefühl im wirklichen Leben und kosmisches Bewusstsein liefen parallel zueinander.) In einer Reihe von Träumen schien mich eine Energie anzugreifen, die mit den Nazis und dem Faschismus in Zusammenhang stand. Am Anfang war es mir unmöglich, meine Traumerlebnisse zu beherrschen. Es ergriff mich eine gewaltige Angst, und ich erwachte schweißgebadet. Ich fühlte das Böse.

Dann begann ich, in meinen Träumen um Hilfe zu flehen, sobald die Attacken einsetzten. Ich beachtete die angreifende Kraft nicht und vermied es, mich mit ihr einzulassen. Ich sah mich von Kreuzen umgeben und bat Christus, mir zu helfen. Ich baute eine geistige Schutzhülle auf und stärkte meine Verbindung zu ihm. Ich konzentrierte mich auf Christus und die kosmische Liebe und füllte meine Schutzhülle mit ihrer Energie. Gleichzeitig sprach ich immer wieder das „Vater unser". Es wirkte. Meine Furcht ließ nach.

Im Laufe des Jahres wurde ich noch mehrmals angegriffen, ruhte aber immer stärker in meiner Mitte und gewann an Selbstbeherrschung. Ich begann, mutiger und selbstsicherer zu werden.

Eines nachts wurde ich erneut attackiert. Ich zog meine Schutzhülle um mich, sprach meine Gebete, baute meine Verbindung auf und fühlte mich vollkommen beschützt. Ich fühlte mich so sicher, dass ich meinem Peiniger *Liebe* entgegenzubringen vermochte. Ein riesiges Kraftfeld der Liebe umgab mich. Ich wandte mich an meinen Gegner, um ihn mit dieser Liebe zu erfüllen. Er zog sich zurück, und ich jagte ihn mit meiner Liebe, ein herrlicher Augenblick. Ich erwachte mit einem Lächeln.

Den Grundregeln geistiger Sicherheit folgend und die Kraft des kosmischen Energiefeldes der Liebe anrufend, war ich allmählich in der Lage, meine Fähigkeiten und meine Stärke zu festigen. Es handelte sich nicht um blindes Vertrauen. Die Wirkung beruhte auf der energetischen Verbindung mit einer liebenden Kraft.

Dies ist ein Beispiel für die Abwehr des Bösen in einem rein metaphysischen Bereich, dem Traumzustand. Ich kenne Betreuer, die derselben Energie in gefühllosen Verbrechern und gefährlichen Psychotikern begegnet sind. Mehrere Ärzte und Betreuer haben von ihrer Furcht berichtet, wenn sie mit bestimmten Patienten und Klienten arbeiteten. Sie sahen ihre einzige Chance darin, sich mit einer geistigen Schutzhülle zu umgeben, die Verbindung zu der stärksten geistigen Kraft aufzunehmen, die sie kannten und die Situation liebevoll zu durchlichten. Ich kenne eine Gemeindeschwester, die gewisse Häuser nicht eher betritt, als bis sie sich zuerst fünf Minuten lang darauf vorbereitet hat. Ein mir bekannter Geschäftsmann verfährt in der gleichen Weise, ehe er sich mit anderen Geschäftsleuten trifft, deren Hauptmotivation Macht und Gier sind.

Warum wir der Hilfe einer von außen kommenden geistigen Kraft bedürfen.

Wenn wir uns mit dem Bösen oder extremer Negativität auseinandersetzen müssen, sind wir gewöhnlich auf die Hilfe einer von außen kommenden Kraft angewiesen, da wir uns nicht ausschließlich auf unsere eigene moralische Stärke verlassen können. Zum Teil spielt die Größe eine Rolle. Es gibt negative Energiefelder, angesichts derer wir kleinen Vögeln in einem Tornado gleichen. Um die negative Kraft vollends abzuwehren, benötigen wir ein ihr entsprechendes gütiges Kraftfeld.

Hinzu kommt ein psychologischer Aspekt, der mit dem eigenen Unbewussten in Zusammenhang steht. Vielleicht bist du stolz auf deine Charakterstärke und dein Gespür für Moral, aber es gibt auch dunkle Bereiche in deinem Charakter, die so alt sind und so tief liegen, dass du sie nicht bewusst wahrnimmst. Diese Schattenseiten können sich mit ähnlich negativen äußeren Energien verbinden. Wenn du dich fürchtest, können sie stark zu vibrieren beginnen.

Befindest du dich in einer sehr negativen Situation, kannst du möglicherweise nicht auf deine eigenen Hilfsquellen zurückgreifen, da du innerlich vielleicht zu sehr „schwankst". Du musst dich mit einer äußeren geistigen Kraft verbinden.

Es gibt wohl niemanden, der im spirituellen Bereich arbeitet, der sich nicht an eine positive geistige Kraft wendet. Die enge, unerschütterliche Verbindung zum reinen Geist ist in einer solchen Lage unerlässlich.

Übermannt dich die Furcht, konzentriere dich mit aller Kraft auf diese Verbindung. Nichts anderes darf dir durch den Sinn gehen. Baue deine geistige Schutzhülle auf und beteuere deinen Glauben an das Schöne, die Liebe und den Geist. Sprich immer wieder dieselben Gebete oder Affirmationen, die du wie ein Mantra wiederholst, um der Verbindung Nachdruck zu verleihen. Ich persönlich bevorzuge die Psalmworte: „Der Herr ist mein Hirte…Obgleich ich im Tal der Todesschatten wandle, fürchte ich kein Übel, denn du bist bei mir."

Furcht

Über das Böse zu reden und sich die eigenen Erfahrungen und Vorstellungen bewusst zu machen, wirkt für viele Leute beruhigend. Das Gleiche gilt für ihre Erfahrungen mit der Furcht.

Energetisch gesehen, handelt es sich bei der Furcht um eine Schwingung, nicht um eine Erfahrung. Ihre Wirkung ist natürlich psychologischer Natur, die ursprüngliche Erfahrung hingegen beruht auf der unangenehmen Schwingung, die das disharmonische Aufeinandertreffen zweier Energiefelder hervorruft.

Trifft die Aura eines Menschen auf die Schwingung eines anderen Energiefeldes, was zu Spannung führt, entsteht Furcht. Anstelle einer harmonischen Konvergenz, die durch die menschliche Aura in die Haut und in das Nervensystem rieselt, durchzuckt sie ein elektrischer Blitz. Eine höchst unangenehme Erfahrung!

Begreift man, dass die Furcht auf einen Vorgang in der Aura hinweist, kann man in anderer Weise darauf reagieren. Wenn ich mich fürchte, denke ich: „Nun, irgendetwas sitzt in meinem Energiefeld. Ich will mich konzentrieren und sehen, was dort geschieht."

Die Furcht signalisiert ein ungewöhnliches Geschehen in der Aura. Anstatt sich darin zu verlieren, sollte man sich also in dem Augenblick, in dem man Furcht empfindet, beobachten und erkennen, dass etwas Unübliches abläuft. „Das Einzige, was wir fürchten müssen, ist die Furcht selbst."

Sobald uns Furcht befällt, versuchen wir, die Dualität zu erkennen, die Trennung zwischen Körper und Bewusstsein. Der Körper – seine Aura und sein Nervensystem – registriert die neue Energie. Unser Bewusstsein hingegen sieht sie, ohne auf die Erfahrung zu reagieren.

Finde beim ersten Anzeichen von Furcht deine Mitte und erde dich. Sei wachsam, identifiziere dich aber nicht mit der Furcht. Es gibt zwei Möglichkeiten. Entweder du betrachtest sie aus der Entfernung oder du versinkst in ihr und gerätst in Panik.

Um den nötigen Abstand zu gewinnen, bedarf es der Willenskraft. Zahlreiche Kulturkreise lehren ihre Schüler, wie sie sich von der Furcht befreien können. In einigen buddhistischen Klöstern werden die Novizen regelmäßig aufgefordert, mindestens eine Woche lang Tag und Nacht auf dem Friedhof zu verbringen und zu meditieren. Manchen Lesern mögen die Bücher von Carlos Castaneda vertraut sein, dessen Lehrer, der Schamane Don Juan, ihn anhielt, eine Nacht lang neben einem Berg mit dem Gesicht nach unten zu liegen, ohne sich zu rühren, gleichgültig was geschehen werde.

In beiden Fällen lernt der Student, in seiner Mitte zu ruhen, während ungewohnte und furchterregende Schwingungen durch seine Aura zittern. Nach einer Weile kann er den „furchterregenden" Gefühlen gelassen gegenüberstehen. Eine solche Erfahrung ist zwar unangenehm, macht aber frei.

Nicht jeder kann sich mit solchen Lektionen anfreunden, obwohl sich jeder für dieses Thema interessiert.

Fortgeschrittene Reinigungstechniken

Falls du möchtest, kannst du weitere Reinigungstechniken ausprobieren. Selbst wenn du dich wohl fühlst, solltest du deine geistige Verfassung und deine körperliche Gesundheit überprüfen, ehe du ein Risiko eingehst. Bist du erschöpft oder angespannt, belaste dich nicht noch mehr.

Atme Negatives ein, atme Segnendes aus

Gesunde Energie setzt neue Lebenskraft frei. Gewöhnlich genügt es, starre Energiefelder mittels Schwingungen, Klängen oder Düften zu bewegen. Eine unangenehme, ins Stocken geratene Schwingung kann auf diese Weise in eine strahlende und gute Schwingung umgewandelt werden.

Manchmal sitzt das Negative so tief und fest, dass die Bewegung allein nicht in der Lage ist, sie zu transformieren. In derartigen Fällen sollte man die negative Atmosphäre an sich reinigen und umwandeln. Der Transformationsprozess wird noch heute bei den tibetischen Buddhisten regelmäßig gelehrt. Jeder, der einmal einen aufgewühlten Menschen beruhigt hat, kennt die Vorgehensweise.

Geerdet und in seiner Mitte ruhend, zieht man die unangenehme Schwingung in seinen Körper und seine Aura hinein. Du spürst, wie sie dich durchrieselt, nimmst sie ruhig in dich auf und wandelst sie gleichzeitig um.

Sie kann sich aufgrund deiner gütigen Ruhe, die sie umhüllt, wandeln. Wenn du ihren Schmerz oder ihre Angst spürst, atmest du dein stilles Bewusstsein hinein, anstatt die Schwingung ängstlich seufzend durch deinen Körper rauschen zu lassen oder sie zu halten, bis sie einen Schrei ausstößt.

In dem Moment, in dem du die Negativität aufnimmst, durchstrahlst du sie mit Liebe und Güte. Manchmal nimmst du sie für ein paar Minuten auf, ehe du sie zu segnen beginnst. Es ist wie bei einem Kind, dessen Schmerz man annimmt und sanft beruhigt. Man muss sich zutiefst sicher und ruhig fühlen, um diese Technik ausüben zu können.

Diese Art der Arbeit verlangt ein stilles, bescheidenes Vorgehen. Versuche nicht, alles auf einmal zu schaffen, es könnte dich überwältigen. Beginne mit dem winzigen Samen der Absicht. Erspüre die negative Situation. Vertiefe die Erfahrung des Negativen erst mit zunehmender Sicherheit. Schleicht sich Nervosität ein, verschließe dich und höre auf. Versuche es niemals, ohne dich stark, ruhig und selbstsicher zu fühlen. Voraussetzung ist eine starke Erdverbundenheit, um sich in seinem Körper wohl zu fühlen und den Atem zu beherrschen.

Seinem eigenen Heim, der Gemeinschaft und den Mitarbeitern kommt es zugute, wenn man das Negative einatmet und als Segen wieder ausatmet. Die tägliche Anwendung dieser Technik vermag innerhalb eines Jahres das Energiefeld der Umgebung zu verändern.

Eines Tages zogen wir in eine Gegend von London, deren Polizeistation den Ruf besaß, die korrupteste in ganz Großbritannien zu sein. Von meinem im oberen Stockwerk gelegenen Büro aus konnte ich das rückwärtige Gebäude sehen. Drei Jahre lang konzentrierte ich mich zweimal am Tag während der Meditation auf die Polizeistation, besonders auf die Übernachtungszellen. Ich verband mich mit dem Druck, der Gewalt und dem allgemeinen psychischen Durcheinander dieses Ortes. Nachdem ich den Kontakt hergestellt hatte, pflegte ich alles Negative aus dem Gebäude heraus in meine Aura und meinen Körper zu ziehen, ruhig darin zu verweilen und es zu transformieren.

Es war nicht angenehm, aber auch nicht sehr schlimm. Dann sandte ich helfende und segnende Gedanken in die Polizeistation, wünschte den Beamten Rücksichtnahme, Kraft und ein Gefühl für Gerechtigkeit bei ihrer Arbeit. In diesen drei Jahren trat eine Änderung zum Besseren ein. Ich weiß zwar nicht, wieviel ich dazu beigetragen habe, geschadet hat es aber sicherlich nicht.

Ich möchte die Technik noch einmal durchgehen.

Sei ruhig, geerdet und atme.
Verbinde dich mit den wohlwollenden Kräften des Kosmos.
Erspüre ganz vorsichtig die Negativität.
Sie darf dich nicht überwältigen. Sei stark, fühle deinen Körper und ziehe das Negative herein. Fühle es.
Atme ruhig weiter. Lächele gütig. Ruhe in deiner Mitte.
Atme liebevolle und gütige Gedanken und Gefühle hinein.
Entziehe der Negativität deine Aufmerksamkeit und verwei-

le einen Augenblick im Glanz der positiven Kraft des Universums.

Bewege vorsichtig deinen Körper. Sollte sich irgendeine Energie in dir festgesetzt haben, so schüttele dich und gib einen befreienden Laut von dir.

Solltest du Bedenken hegen, dann eignet sich diese Technik nicht für dich. Bist du nervös, führe sie nur wenige Sekunden durch und überprüfe, wie es sich anfühlt, ehe du fortfährst.

Warnung. Verwende die Technik nicht in unüberschaubaren, überwältigenden und dramatischen Situationen. Es besteht die Gefahr, dass du dich mit etwas verbindest, dem du nicht gewachsen bist. Arbeite in deinem alltäglichen Umfeld, das dich persönlich betrifft. Versuche nicht, ein Kampfgebiet aufzuräumen. Ein romantischer und begeisterter Freund, der nicht besonders fest auf dem Boden stand, beschloss, das Energiefeld des Ku-Klux-Klan zu reinigen. Nach einem sehr unerfreulichen Erlebnis war er mehrere Tage lang krank.

Sei vernünftig.

Die Erde nimmt das Negative auf

Die Erde selbst kann uns helfen, die negativen Schwingungen bestimmter Orte zu beseitigen. Wir vergessen oft, welch eine dünne Lebensschicht wir auf der Erdoberfläche bilden und denken nicht an dieses mächtige und wunderbare Energiegeschöpf. Die Bewegungen von Ebbe und Flut, der Temperaturwandel zwischen Morgen- und Abenddämmerung, die Änderung der Schwingungen im Verlauf der vier Jahreszeiten sind Zeichen seiner Energie. Seine Magnetkraft hält uns am Boden, seine Atmosphäre, Oberfläche und Tiefen sind erfüllt von Energie, Magnetismus und Elektrizität. Daher ist es in der Lage, das Negative tief in seinen Körper aufzunehmen und in eine gesunde Form zu schwingen.

Stelle dir eine Kraft vor, welche die negative Energie eines Ortes wie durch ein Abflussloch wirbelnd nach unten zieht. Spüre sie. Zuerst bitte ich die Erde um Erlaubnis, in dieser Weise vorgehen zu dürfen, und danke ihr abschließend.

Die Technik hat sich besonders bei Gruppen bewährt, deren freigesetzte Gefühle und Schmerzen den Raum erfüllen. Gemeinsam stellen wir uns vor, wie die Energie durch den Abfluss rutscht.

Das veilchenblaue Tuch in den Kosmos schwingen

Viele Leute überrascht die Wirkung dieser schwierigen Übung.

Stelle dir ein riesiges veilchenblaues Tuch vor, das sich unterhalb des zu reinigenden Bereiches nach allen Seiten hin ausbreitet. Fühle es.

Spüre, wie sich das Tuch langsam hebt. Während es wie ein Netz nach oben schwebt, fängt es alle unangenehmen Schwingungen auf. Das Tuch scheint unter der Last in der Mitte durchzuhängen. Das ist normal. Konzentriere dich so lange darauf, bis es sich mit seiner Last aufwärts bewegt.

Es gibt zwei Möglichkeiten. Entweder du führst das Laken in das Sonnenzentrum, in dem der Abfall verbrannt und umgewandelt wird, oder du bittest einen unsichtbaren Helfer, das Tuch wegzunehmen. Ich persönlich stelle mir in diesem Fall einen riesigen chinesischen Glücksdrachen vor, der hoch in den Himmel hinauf ragt und das Negative gerne verwandelt.

Die Hilfe der Engel

In den Religionen und Mythen aller Kulturkreise treten Engel auf. Sie tragen unterschiedliche Namen und werden in verschiedener Weise beschrieben. In den drei Hauptreligionen des Westens bittet man sie um Hilfe. Erst kürzlich bestätigte der Papst die Existenz der Engel als Boten Gottes.

Seit alters her haben die Menschen ihre Unterstützung erfleht, Schwingungsfelder umzuwandeln und in schwierigen Situationen Beistand zu gewähren. Versuche es.

Außerdem gleiten Wesen oder Bewusstseinswolken umher, die etwas von der Energie aufgesogen haben, die dem Bösen oder negativer menschlicher Verhaltensweise entströmte. Im Zusammenhang mit negativen Umständen haben sie sich traurigerweise mit den negativen Mustern vollgesogen. Diese „Blasen" verfolgen ihr negatives Ziel nicht absichtlich, sondern fühlen sich von bestimmten Umständen wie von einem Magneten angezogen.

Das gilt für negative Situationen ebenso wie für Fälle geistigen Wachstums. Die einzelnen Religionsgeschichten enthalten zahlreiche Berichte über Menschen auf dem geistigen Pfad, die, obwohl sie sich dem Gotteslicht völlig hingaben, von Teufeln und Dämonen gequält wurden. Es leuchtet ein, diese übersinnlichen Angriffe nicht als vorsätzlichen Versuch zu erklären, um den geistigen Fortschritt zu vereiteln, sondern als Anziehung des eigenen Schattens des Heiligen.

Im Verlauf deines Transformationsprozesses – gleichgültig wie stark sich dein Bewusstsein erweitert oder du dich mit der Liebe verbindest – müssen deine Schatten umgewandelt werden. Sobald sie an die Oberfläche treten, ziehen sie gleichartig schwingende äußere Energien an.

Transformation bedeutet, sich mit den eigenen inneren und den entsprechenden äußeren Schatten auseinanderzusetzen.

Es gibt zwei Möglichkeiten, sich mit den äußeren Feldern zu befassen. Sei ruhig und gefestigt. Bitte die höchste Quelle geistiger Güte und die Engel um Hilfe, um die Blase zu entfernen. Es ist nicht schwierig, diese äußere Hilfe zu erbit-

ten. Stelle dir einen Engel vor. Wie diese Vorstellung ausfällt, spielt keine Rolle. Sprich laut oder in Gedanken: „Ich bitte um und begrüße die Unterstützung der Engelkräfte. Ich danke für eure Gegenwart und eure Hilfe." Sei geerdet, ruhe in deiner Mitte und konzentriere dich auf dein Anliegen. Solltest du niemals zuvor in dieser Weise um Hilfe gebeten haben, wirst du überrascht sein.

Die zweite Möglichkeit besteht darin, die Blase vollständig und mit bedingungsloser Liebe in deine Aura aufzunehmen und die Negativität in deinem eigenen Energiekörper zu transformieren. Dieser Vorgang gleicht im Wesentlichen dem Einatmen von Negativem und dem anschließenden Ausatmen von Segen. In diesem Fall arbeitest du aber eher mit einem spezifischen Elemental als mit einem allgemeinen Energiefeld.

Geister

Ich werde oft gefragt, wie man sich verhalten soll, wenn es spukt. Ein Geist ist ein verstorbener Mensch ohne Körper, dem es noch nicht gelungen ist, einen der Energiepfade zu beschreiten, die vollständig durch den Lernprozess von Tod und Wiedergeburt führen.

Empfinde tiefes Mitgefühl mit der armen, erdgebundenen Seele. Sende ihr viel Liebe, sympathisiere mit ihrer Erfahrung und bitte die höchste geistige Quelle, die du kennst, Engel zu schicken, um dieser Seele den Weg zu weisen. Bringe dein Anliegen mit eindeutigen Worten vor. „Erhabener Gott, ihr Engel, höchste Kraft des Universums, blickt voller Liebe und Zuneigung auf dieses arme, erdgebundene Bewusstsein, das nun seinen Weg gehen soll. Unterstützt es dabei. Tragt es ins Licht. Umgebt es mit Liebe und Verständnis. Führt es an seinen Platz. Hebt es aus dieser Erdsphäre auf die nächste, ihm angemessene Bewusstseinsebene. Möge eure Liebe diese Seele einhüllen, damit alles gut wird." Konzentriere dich bis zu dreißig Minuten auf dieses Gebet. Vielleicht musst du das Ganze wiederholen, bis du fühlst, dass die Atmosphäre sich gelichtet hat.

Diese und die bisher besprochenen Schutz- und Reinigungsübungen können ineinander übergehen. Weihwasser und Räucherwerk haben sich in solchen Fällen bewährt.

Im Sinne der geistigen Ökologie wäre es sinnvoll, täglich zu meditieren, zu beten und das Negative der Umgebung zu transformieren. Gleichzeitig kann man einen Energiewirbel schaffen, der die Blasen und umherirrenden Phantome der Gegend ganz natürlich anzieht. Er hebt die „verlorenen" Wesen ins Licht und führt sie weiter auf ihre wahre Reise. Wenn man sich täglich darauf konzentriert, mag der Aufbau dieses Strudels etwa ein Jahr lang dauern. Eine sinnvolle Arbeit!

8
Geistige Gesetzmäßigkeiten

Persönlichkeit und Essenz: die Dualität

Wir sind dualistische Geschöpfe. Wir besitzen unsere Persönlichkeit und unsere Essenz, unser innerstes Sein. Manchmal verschmelzen Persönlichkeit und Essenz miteinander, manchmal sind sie weit voneinander entfernt.

Die Persönlichkeit vermag ein riesiges Spektrum an Schwingungen und Energien zu schaffen, das unsere jeweilige Verfassung widerspiegelt – von Hass und Misstrauen bis hin zu Liebe und Zuneigung. Im Laufe der Jahrtausende haben sich die angehäuften Stimmungen der Menschen zu riesigen Gefühls- und Gedankenwolken aufgetürmt, die unseren Planeten umgeben.

Unser wahres Wesen hat sich allerdings nicht in die Launenhaftigkeit der Menschen verstrickt. Es besitzt seine ureigene weise und liebevolle Schwingung und steht in fortwährender Verbindung zum universellen Energiefeld der Güte.

Um zu verstehen, wie wir mit Energien umgehen können, wann es richtig und wann es falsch ist, in eine Situation einzugreifen, müssen wir diese seltsame Dualität in uns verstehen. Unsere Persönlichkeit bringt unsere jeweilige Stimmung zum Ausdruck, während das innere Selbst Segen ausstrahlt, falls wir es zulassen.

Erkennen wir diese Dualität in uns, besteht, aus energetischer Sicht, unsere Hauptaufgabe in der Welt darin, unser wahres Selbst hervorleuchten zu lassen und alles daran zu setzen, die von uns und anderen geschaffenen negativen Schwingungen zu transformieren.

Gleichgültig wie wir unser Leben gestalten, in der Welt der Energien und Schwingungen ist es unsere Pflicht, segnend zu wirken und alles Negative zu beseitigen.

Unsere unsichtbaren Verbindungen

Über die Dualität zwischen dem inneren Bewusstsein und der Persönlichkeit gibt es seitens Religion und Philosophie heftige Diskussionen. Man stimmt jedoch im Allgemeinen darin überein, dass eine Verschmelzung und Integration der beiden Aspekte letztlich anzustreben ist. Diese Aussage deckt sich weitgehend mit der modernen Psychologie, die erklärt, dass der Sinn menschlichen Lebens darin liegt, sich selbst zu erfüllen. Das wahre Selbst muss also vollkommen gegenwärtig sein und nicht hinter den Persönlichkeitsmustern verborgen bleiben.

Ziel des menschlichen Lebens ist es, das Energiefeld des inneren Selbst mit dem Energiefeld der Persönlichkeit zusammenzuführen und zu integrieren. Dann durchziehen Weisheit, Erleuchtung und Liebe die Persönlichkeit. Ein wunderbares Ziel!

Das Energiefeld unserer Gefühls- und Gedankenmuster, Angewohnheiten und Begierden hält uns jedoch davon ab. Alle unsere Persönlichkeitsenergien sind untereinander verknüpft, was die Sache noch erschwert. Wir sind keine kleinen Inseln, die isoliert ihrer Arbeit nachgehen. Über unsere Energien sind wir alle miteinander verbunden. Die schlechte Verhaltensweise eines Menschen beeinträchtigt die Mitmenschen ebenso, wie eine positive Einstellung ein Segen für alle sein kann.

Aufgrund einer harmonischen Resonanz besteht eine Verbindung zu Leuten, die ähnliche Persönlichkeitsmuster besitzen wie wir selbst. Unsere Selbstsucht verbindet uns mit anderen selbstsüchtigen Menschen. Sind wir aggressiv, verknüpfen wir uns über die Aggressionen mit anderen. Das Gleiche gilt für unsere liebevollen und großzügigen Eigenschaften. Diese Wechselbeziehung, von der die Mystiker schon immer wussten, findet inzwischen Eingang in die moderne Wissenschaft.

Die Einsicht in diese Zusammenhänge lässt uns die Energiearbeit besser verstehen. Wir wirken niemals in Isolation, sondern sind immer mit der gesamten menschlichen Gesellschaft verbunden.

Macht und Einfluss der persönlichen Energiefelder

Aus geistiger Sicht gleicht die allgemeine Atmosphäre, die unseren Planeten umgibt und die von den Menschen im Laufe der Jahrtausende geschaffen wurde, einem Zirkus. Alles, was jemals gedacht oder gefühlt worden ist, hat irgendwo seine Spuren in der geistigen Atmosphäre hinterlassen. Riesige Gefühls- und Gedankenwolken gleiten in ihr dahin. Fühlt oder denkt jemand etwas, bleibt die in das Gefühl oder den Gedanken gelegte Energie für immer erhalten.

Die geistige Aura des Planeten spiegelt die Emotionen und Gedanken der Menscheitsgeschichte unmittelbar wider. Eine amüsante und zugleich bedrückende Vorstellung!

Unsere persönliche Aura steht in ständigem Kontakt zu diesem geistigen Kaleidoskop, und wir werden fortwährend von ihm beeinflusst.

Das heißt, wenn du dich mit deinen eigenen Mustern und Energien befasst, beschäftigst du dich auch mit allen anderen, gleich schwingenden Energien, die umherschweben. Wenn du mit deinen eigenen Prozessen befasst bist, arbeitest du gleichzeitig an der Kollektivenergie der Menschheit, die dich andererseits wiederum selbst tiefgreifend beeinflusst.

Nehmen wir ein Beispiel: Obwohl du dich isoliert und abgeschnitten fühlst, besteht dennoch zwischen dir und anderen einsamen Menschen sowie mit dem riesigen Energiefeld von „einsam und allein gelassen", das einsame und zurückgestoßene Menschen über die Jahrtausende hin erschaffen haben, eine Verbindung. Das Gleiche geschieht, wenn du in Hochstimmung und lustig bist. Es besteht eine Verbindung zu den Menschen im gleichen Zustand sowie zu dem immensen gleichartigen Energiefeld, das im Laufe der Zeitalter entstanden ist.

Bewegen dich starke Gefühle oder Gedanken, sind es nicht nur deine eigenen, sondern auch die des Kollektivs. In meinen Workshops haben die Teilnehmer oft erleichtert aufgeatmet, als sie erkannten, dass sie außer ihren eigenen Emotionen und Gedanken auch die der kollektiven feinstofflichen Welt zum Ausdruck brachten oder kanalisierten.

Wie kann man feststellen, ob es sich nur um die eigenen oder die vereinten Gefühls- und Gedankenwolken handelt? Haben wir Kontakt zu den kollektiven Energien aufgenommen, werden unsere eigenen Gedanken und Gefühle dramatisch und theatralisch.

Dies lässt sich sehr gut beobachten, wenn wir ärgerlich werden. Aus einem einfachen Ärger, der unsere eigene, beschuldigende Heftigkeit zum Ausdruck bringt, wird plötzlich ein unbeherrschter Wutausbruch. Dasselbe kann man häufig bei Traurigkeit und Selbstmitleid verfolgen, die einen hysterischen Zug annehmen.

Es kann geschehen, dass sich Religionsprediger von einem plötzlichen Wirbelwind charismatischer Inspiration fortreißen lassen, wenn ihre eigene Leidenschaftlichkeit von dem Energiefeld der Bestimmtheit und des Fundamentalismus übermannt wird. Das Gleiche gilt für Politiker, deren leidenschaftliche Rede in Fanatismus überspringen kann. Ein guter öffentlicher Redner vermag die Gefühle und Gedanken der Menge zum Ausdruck zu bringen. Der Erfolg von Pop-Gruppen gründet auf demselben Prinzip. Im klassischen Schauspiel macht man sich die Möglichkeit, äußere Energiefelder zu kanalisieren, bewusst zunutze, um die entsprechende Atmosphäre zu schaffen, in der die Darsteller als Götter und Göttinnen bei der kosmischen Arbeit und beim Spiel zu sehen sind. In den richtigen Kostümen und mit den richtigen Worten wirken die Schauspieler als Durchlassgefäße für die Archetypen, die sie darstellen.

Auf der Ebene der Schwingungen verbinden unsere Stimmungen uns mit anderen, ähnlichen Stimmungen. Werden wir theatralisch, öffnen wir das Tor für die kollektive Energie, um sich durch uns zum Ausdruck zu bringen.

Darauf zu achten, nicht als Kanal für Massenstimmungen zu wirken, bedeutet Selbstbewusstsein. Dies ist oft schwierig, wenn die Gefühle einen überwältigen, aber allein das Wissen um die Realität der Energien bildet den Anfang für Selbstbewusstsein und weise Selbstbeherrschung. Nach extremen Stimmungslagen überprüft man sich am besten selbst, um zu erkennen, inwieweit es sich um die eigene Verfassung handelte und verpflichtet sich, beim nächsten Mal weniger heftig zu sein. Allein das Verstehen einer Sache vermag bereits einen Wandel hervorzubringen.

Die eigene Verhaltensweise ist von großer Bedeutung. Deine Launen und Gedanken wirken sich nicht nur auf dich allein, sondern auch auf diejenigen aus, die dir am nächsten stehen. Sie beeinflussen jeden. In gleicher Weise kommen deine Selbstbeherrschung und Veränderung jedem zugute.

Öffne dich für dein inneres Selbst

Stimmungen der Persönlichkeit, wie Depression, Eifersucht, Glück, Zuneigung, Humor und dergleichen, fallen uns sofort auf. Wir bemerken und fühlen sie augenblicklich. Wir spüren sie sogar so schnell, dass sie ohne Weiteres auf uns überspringen können. Ärger, Not und Eifersucht drücken auf den Magen. Sehnsucht und Verlangen bedrängen den physischen Körper. Ideen und Gedanken kreisen im Gehirn und verursachen häufig Kopfschmerzen.

Es fällt nicht leicht, die Schwingungen, die unserer Verbundenheit mit unserem inneren Selbst und der Schönheit des Lebens entspringen, zu bemerken und aufrechtzuerhalten. Die Energie des wahren Selbst und die Ausstrahlung des Heiligen ist sanfter. Erleben wir solche Momente echter Verbundenheit mit unserem wahren Selbst und dem absoluten Sein, murren wir gewöhnlich und gehen unserer Wege. Selbst der Anblick eines wunderbaren Sonnenuntergangs oder einer magisch anmutenden Landschaft lässt uns nur einen Augenblick lang innehalten und dann gleich weitergehen, als wäre nichts geschehen. Sex, Kunst, Tanz oder liebevolle Zuwendung können uns solche Momente bescheren, doch wir gehen zum Alltäglichen über und vergessen sie schon bald wieder.

Die Energien der Persönlichkeit gleichen dem Wasser, die Energien des wahren Selbst gleiten wie eine Feder auf seiner Oberfläche. Um das innere Selbst wirklich fühlen zu können, muss das Wasser dünn sein oder die richtige Strömung besitzen, damit die Feder eintauchen kann.

Wenn du ernsthaft beabsichtigst, auf der Ebene der Energien in einer Weise zu wirken, die dir selbst und der Gemeinschaft dient, dann solltest du dafür sorgen, dass dich die Energien deines inneren Selbst und der Güte des Universums stärker durchströmen. Strahle so viel Segen aus, wie es ein normales spirituelles Leben ermöglicht. Das bedeutet, das Bewusstsein und die Gefühle jener Momente zu bewahren, in denen du die Verbundenheit mit deinem inneren Selbst gespürt hast.

Wenn sich ein Paar körperlich vereinigt, schweigt der Körper, damit die wunderbaren feinstofflichen Energien bewusst wahrgenommen werden, was noch mehr gute Energie einströmen lässt. Durch fortwährendes Augenmerk auf die reinen Körperbewegungen kann diese wundervolle tantrische Energie übersehen werden.

Wenn dich ein Sonnenuntergang oder eine schöne Landschaft berührt, verweile einen Augenblick und atme die Szene ein. Du gibst der Schwingung und ihrem Segen die Möglichkeit, dich zu durchströmen.

Viele Menschen, die für jemanden sorgen, empfinden manchmal eine überirdische Liebe. Diesen Augenblicken sollte man seine volle Aufmerksamkeit schenken und ihre Schwingungen und ihren Segen in sich aufnehmen.

Wir müssen achtsamer und aufnahmebereiter sein, sorgfältiger hinhören und das Energiefeld der Weisheit und Liebe, unser wahres Wesen, tief in uns aufnehmen. In solchen magischen Augenblicken der Verbundenheit mit unserem Innersten ist es hilfreich, innezuhalten und sich ihnen vollkommen zuzuwenden. Wir lassen so manchen wunderbaren Augenblick entgleiten, ohne seine Fülle wirklich in uns aufzunehmen und in uns zu verankern, so dass die Feder unserer Seele tief in unsere Persönlichkeit einzutauchen vermag. Etwas Heiliges oder Andächtiges berührt dich, aber anstatt dich dafür zu öffnen, verschließt du dich.

Du musst die Verbindung zu den guten Schwingungen deines inneren Wesens ganz bewusst herstellen. Werde ruhiger und beachte sie, damit sie stärker in dich einströmen können, damit du in deinem Leben zu einem Durchlassgefäß für sie wirst.

Etwas zu segnen bedeutet, eine innere Verbindung mit dem Heiligen herbeizuführen, indem wir unser Bewusstsein auf das universell Schöne lenken, um einen Segen weiterzuleiten. Erweitere deine Vorstellung von dem Begriff Segen. Anstatt die Verbindung nur zu einem bestimmten Zweck herzustellen, um einen speziellen Gegenstand, eine bestimmte Person oder Situation zu segnen, wäre es ratsam, die Möglichkeit zu erwägen, täglich in dieser Weise vorzugehen. Es kann zu einer Lebensart werden.

Dualität, Leid und Karma

Das höchste geistige Ideal ist die Vorstellung, dass unsere Persönlichkeit vollständig in unser wahres Selbst eingeht, die sogenannte „mystische Hochzeit", und wir fortwährend positive Schwingungen erzeugen. Die Schwierigkeit besteht darin, dass wir Menschen sind.

Jeder von uns besitzt sein eigenes geistiges Umfeld, mit dem er kämpft. Keiner gleicht dem anderen. Jeder hat seine eigene Vergangenheit und seinen eigenen Charakter. Es ist daher unmöglich, den allgemeinen Hinweis zu geben: Wenn du die mystische Hochzeit erleben willst, musst du das Folgende tun! Glaube dieses! Beschreite den Pfad! Wir benötigen aber nicht alle dasselbe. Rosen und Orchideen brauchen ganz verschiedene Pflege.

Es ist unbedingt notwendig, diese beiden grundlegenden Punkte zu begreifen, wenn man einige Regeln der Energiearbeit verstehen will.

Erstens: Unsere Lebensaufgabe besteht darin, die Energien der Persönlichkeit mit den Energien unseres wahren Selbst zu verschmelzen und zu integrieren.

Zweitens: Jeder Einzelne besitzt seine eigene Vergangenheit und seinen eigenen Charakter, weshalb es keine allgemeingültigen Lösungen gibt, die für jeden passend sind.

Nehmen wir zwei scheue, ängstliche und passiv veranlagte Menschen. Für den einen mag es vollkommen richtig sein, so zu bleiben, weil diese besonderen Umstände die besten Bedingungen für sein wahres Selbst bieten, um hervorzuleuchten. Vielleicht war er in der Vergangenheit viel zu aggressiv. Die andere Person mag im Laufe ihrer Geschichte immer das Opfer gewesen sein und sollte jetzt positiver und dynamischer werden.

Jeder Einzelne tanzt zwischen seinem wahren Selbst und seiner Persönlichkeit, und wir dürfen niemals verallgemeinern, was in einer Lebenssituation notwendig ist. In zahlreichen spirituellen Überlieferungen des Ostens versteht man unter dem persönlichen Wachstum einen Fluss oder einen Ozean sich ständig verändernder Strömungen, Tiefen, Temperaturen und Stärken.

Die Persönlichkeitsmuster widersetzen sich häufig den Energien des inneren Selbst, was zu sehr schmerzlichen Erfahrungen führt. Leistet die Persönlichkeit Widerstand, empfinden wir Spannung und Leid.

Das bedeutet Leiden, wenn wir den richtigen Weg beschreiten. Es ist wichtig, diesen seltsamen menschlichen Widerspruch zu verstehen. Einerseits tun wir das Richtige, andererseits leiden wir unter der Spannung innerer Reibung. Durch diesen inneren Prozess transformieren wir die negativen inneren Muster in entspanntere und liebevollere Schwingungen.

Gute Schwingungen auszustrahlen, kann bedeuten, gleichzeitig seelisch zu leiden. Die tibetischen Buddhisten besitzen eine hervorragende Einstellung dazu. – Sie lächeln. Es tut alles weh! So ist es eben.

Jeder, der das Rauchen eingestellt, mit einer Diät begonnen oder beschlossen hat, freundlicher zu sein, hat den Widerstand der Persönlichkeitsmuster gespürt. Muster sind oft langlebig. Sie bleiben nicht nur hängen, sondern reiben sich mit der Energie des inneren Selbst.

Der Begriff *Karma* bringt diese Reibung zum Ausdruck. Die Kraft des Widerstandes, unser wahres Wesen hervorleuchten zu lassen, ist unser Karma. Eine bessere Verhaltensweise erleichtert es unserem wahren Wesen, sich zu manifestieren und unser Karma zu durchlichten. Verhalten wir uns negativ, erschwert es dem inneren Selbst, sich zu manifestieren und unser Karma – die Intensität unseres Widerstandes – nimmt zu.

Verhalten wir uns schlecht, nähren wir die negative Energie in unseren höheren Körpern, die sich dann unserem inneren Wesen noch stärker widersetzen. Gutes Verhalten hingegen stärkt unsere positive Energie, was zu einer harmonischen Verbindung mit dem inneren Selbst führt. Im ersten Fall leiden wir, im zweiten fallen uns die Veränderungen leichter.

Eine negative Verhaltensweise strahlt negative Energien in die Atmosphäre. Diese negative Schwingung trägt die „Unterschrift" der Person, die sie aussendet. Eine Transformation der Muster bedeutet, die alte negative Energie, die wir ausstrahlen, aufzunehmen und umzuwandeln. Dieser Vorgang kann sich schwierig oder einfach gestalten. Wir müssen unser Karma aufarbeiten, verbrennen oder auflösen. Karma ist das Ergebnis einer langen Vergangenheit. Jeder hat Karma aufzuarbeiten.

Um energetisch helfen zu können, ist es wichtig zu erkennen, dass es Karma gibt. Im Allgemeinen lässt es kein wundersames Eingreifen zu. Jeder Einzelne hat seine eigene Vergangenheit aufzuarbeiten.

Kollektives Karma

Es erhebt sich die Frage, ob man das Karma eines anderen Menschen erleichtern darf. Können wir wirklich fremdes Leid mildern? Mystiker und Religionswissenschaftler diskutieren diese Frage auf intellektueller Ebene. Die Antwort des Herzens lautet, alles daran zu setzen, um Leid zu verringern.

Der Zyniker mag einwenden, das jeder mit seinem eigenen Karma fertig werden muss. Im schlimmsten Fall erachtet er den Holocaust oder den Tod von Kindern in der modernen Welt als Schicksal: „Es ist ihr Karma."

Eine solche Einstellung ignoriert die Tatsache, dass jedes Individuum einen Teil einer weitaus größeren Dynamik darstellt – der sich entfaltenden Geschichte der Menschheit. Wir haben bereits über die kollektiven Gefühle und Gedanken gesprochen, die in unserer geistigen Atmosphäre dahingleiten. Die Menschheit insgesamt besitzt ebenfalls einen Schatten – ihre schreckliche Geschichte und ihr Karma.

Jeder Einzelne verfängt sich darin, ungeachtet seiner persönlichen Geschichte und seines eigenen Karmas. Das Individuum wird oft zum Opfer von Massenereignissen. Ein Völkerkrieg verfügt über eine sehr viel stärkere Stoßkraft als persönliches Karma. Der Einzelne ist oft nicht in der Lage, die natürliche Wucht einer Hungersnot oder eines Erdbebens zu vermeiden. Einige Menschen mögen es, karmisch gesehen, verdienen, andere solchen Gewalten nicht ausweichen können, aber die meisten von uns sind den Gruppen, denen sie angehören, unterworfen. Unsere starken Bindungen lassen sich nicht leugnen. Keine Frau kann sich der kollektiven Gefahr in den nächtlichen Straßen einer Großstadt entziehen. Rassismus und Stammesgefühl überwältigen das Individuum, obwohl es nicht seine eigenen Gefühle sind.

Ein großer Teil menschlichen Lebens kann als Teil einer kollektiven Dynamik verstanden werden.

Regeln des Eingreifens

Was die Energiearbeit betrifft, die eine andere Person beeinflusst, gibt es zwei Grundregeln.

Erstens: Kümmere dich im Allgemeinen um deine eigenen Angelegenheiten, es sei denn, die betreffende Person bittet dich darum, zu ihren Gunsten einzugreifen.

Zweitens: In einem solchen Fall musst du sorgfältig darauf achten, dass deine eigene Persönlichkeit vollständig auf dein inneres Selbst ausgerichtet ist und deine persönlichen Energien bei deinem Vorgehen völlig entspannt sind.

Die Leute begreifen manchmal nicht, warum sie nicht alles und jeden reinigend und segnend umhergehen dürfen. Jeder Einzelne hat besondere Bedürfnisse, und ohne über die universelle Weisheit zu verfügen, solltest du sorgsam darauf achten, wie du mit deiner Energie umgehst. Es hat Situationen gegeben, in denen völlig Fremde zu mir traten, ihre Hände durch mein Energiefeld schoben und mich segneten. Ich fühlte mich erledigt, nicht gesegnet. Ich hatte es diesen Menschen nicht erlaubt. Sie waren weder geerdet noch ruhten sie in ihrer Mitte. Wahrscheinlich erfüllten sie ihre Vorstellung, hilfreiche Heilige zu sein.

Wie konnten sie wissen, ob der Segen angebracht war oder nicht? Segne niemals jemanden, wenn er dich nicht dazu auffordert und wenn du nicht vollkommen ruhig und mit der Energie deines Herzens im Einklang stehst.

Sollte sich die zu segnende Person, etwa aufgrund einer Herz- oder Nervenerkrankung, in einem schwachen körperlichen Zustand befinden, kann das plötzliche Einströmen äußerer Vitalität gefährlich werden. Ein Segen überträgt immer eine Energie, besonders wenn er durch die Hände fließt. Aus diesem Grunde sollte man sehr vorsichtig sein, Kranke zu segnen.

Doch es gibt eine sichere Form energetischen Eingreifens. Liebe und gute Energie kann man jedem Menschen und jeder Situation senden, vorausgesetzt es geschieht ganz aus dem inneren Frieden heraus. Dieser innere Friede ist notwendig, weil man ansonsten von der eigenen Persönlichkeit gefärbte Schwingungen ausstrahlt. Man darf keine Persönlichkeitsenergie aussenden.

Geerdet, fest in seinem Körper und gleichmäßig atmend, gelassen und aufmerksam aus dem Inneren heraus handelnd, werden nur die reinen, ungetrübten Strahlen ausströmen, die von den persönlichen Energien unangetastet und ungestört bleiben.

Es gibt Menschen, die versucht sind, in unsachgemäßer Weise Energiearbeit durchzuführen. Es beunruhigt uns, wenn ein enger Freund krank ist oder eine Beziehung nicht mehr funktioniert. Wir erregen uns über die Auseinandersetzungen in der Welt. Wir möchten die kranken Freunde segnend heilen und Frieden in die Konfliktgebiete senden.

Die Schwierigkeit besteht darin, dass wir vielleicht nur unsere Gefühlsenergie aussenden, die Gesundheit und Frieden wünscht. Werde wieder gesund! Wahrt den Frieden! Unterschwellig wollen wir uns besser fühlen, wenn wir etwas verändern, das uns beunruhigt. Wir entsenden unseren Wunsch für Heilung und Frieden. Diese emotionale Energie entspringt unseren persönlichen Bedürfnissen. Wir erkennen nicht, dass wir auch unsere eigenen Sorgen und Kümmernisse in die Situation einfließen lassen. Dadurch verschlimmern wir die Lage.

Vielleicht bedeutet die Krankheit für unseren Freund eine Lektion, die wir mit unserer Sorge um ihn erschweren. Obwohl wir ihm helfen wollen, bewirkt die Energie, die wir ausstrahlen, das Gegenteil.

Einer Situation die Energie des Friedens zu senden, mag ebenso wenig hilfreich sein. „Seid friedlich", kann wie ein Dolchstoß wirken und die Auseinandersetzung verschärfen. Vielleicht bedarf die Situation keiner aufgebürdeten Friedensenergie. Vielleicht muss sie spielerisch, verständnisvoll und gelöst angegangen werden, da sie den Zusammenbruch alter Formen verlangt, obwohl der Preis dafür Krieg sein mag.

Es ist oft besser, unsere besorgten Gebete für uns zu behalten und soziale Hilfe zu leisten. Die Tibeter erklären: „Innerer Friede, universeller Friede." Falls dein Wunsch, jemanden zu heilen oder den Krieg zu beenden, ausschließlich deiner persönlichen Reaktion auf die Lage entspringt, wird es dir sehr schwerfallen, eine schöpferische Energie auszustrahlen. Daher ist es von entscheidender Bedeutung, dass du dich in einen Zustand tiefen inneren Friedens begibst, ehe du eine Situation oder eine Person segnest.

Strahle echte Akzeptanz und Liebe aus. Das ist die Energie deines wahren Selbst und des gütigen Weltgeistes. Sie wird, den Bedürfnissen entsprechend, auf der Ebene des inneren Selbstes der Situation aufgenommen und in den Persönlichkeitsbereich hinunter gefiltert werden. Willst du einem Freund heilenden Segen zukommen lassen, sei absolut ruhig und denke an das wahre Selbst deines Freundes. Sende Liebe und Segen aus deinem zu seinem Selbst. Das Gleiche gilt für ein Kriegsgebiet. Es ist der wirkungsvollste Weg.

Eine Situation aus der Ferne zu segnen, erfordert die gleichen Schritte wie jede andere Energiearbeit.

Sei geerdet und in deinem Körper, atme ruhig und verbinde dich mit deinem Inneren und den Energiefeldern universeller Güte. Sinne eine Weile über die Schwierigkeiten nach, in der sich die Person oder das Gebiet befindet. „Halte sie in Liebe." Dieses Vorgehen ist frei von Wünschen und starken Emotionen, frei von der Vorstellung, wie die Dinge sein sollen. Da ist nur ein sanftes Strahlen erleuchteten Bewusstseins.

Eine solche Energie vermag keinen Schaden anzurichten, sondern nur Gutes zu vermitteln. Sie wird eine Konfliktsituation nicht aufheizen, sondern mildern und eine Atmosphäre schaffen, in der sich erhitzte Gemüter leichter beruhigen, stolze Menschen zurücktreten und Heilung geschehen kann. Diese sanfte Atmosphäre fügt niemandem Schaden zu. Sie hilft dem wahren Selbst, sich im Jetzt auszudrücken.

Eltern haben mich oft gefragt, wie sie vorgehen sollen, um ihre Kinder zu unterstützen. Es gelten genau dieselben Regeln. Ohne zu urteilen, nehmen wir an und wirken aus dem Inneren heraus.

Ein wundervoller Mythos

Diese Sage, die Trost und Hoffnung spendet, stammt aus dem Tibetischen Buddhismus. Es gibt drei erhabene Geistwesen, drei Götter, die fortwährend über die Menschen nachdenken. Ihr einziges Ziel besteht darin, ihnen in ihren Schwierigkeiten und ihrem Leid beizustehen.

Sie tragen den ungewöhnlichen Namen „Die Buddhas des Karma".

Die Erzählung besagt, dass diese drei Wesenheiten überirdische Macht besitzen, in fortwährender Meditation verweilen und die Erde und die Menschen kritisch überprüfen. Sie studieren unser Karma. Sie sinnen über den Schmerz nach, den wir erfahren, wenn unsere negativen Energiemuster der Energie unseres wahren Selbst und unserer Seelen Raum geben.

Die „Buddhas des Karma" nehmen jede Nuance menschlicher Veränderung wahr, während wir uns bemühen, uns zu vervollkommnen und unser Karma aufzuarbeiten. Sie bemerken den Augenblick, in dem jeder Einzelne versucht, die alten Muster aufzulösen und Liebe einströmen zu lassen. Wenn wir uns verändern, kann es manchmal geschehen, dass unsere Energien für sie in gewisser Weise „tanzen", und sobald der richtige Augenblick gekommen ist, besitzen sie die Macht, eine zusätzliche befreiende Energie einzubringen. Unser Wandlungsprozess vermag so schmerzloser zu verlaufen. Sie helfen uns, schwierige Veränderungen zu durchleben, ohne dass wir die innere Reibung und das seelische Leid fühlen.

Die „Buddhas des Karma" arbeiten ununterbrochen für die Menschen. Man kann sie auch die „Buddhas der Gnade" nennen. Sie können und müssen nicht herbeigerufen werden, da sie stets beobachtend gegenwärtig sind. Es kann nicht schaden, sich an sie zu erinnern.

9
Du kannst einen Unterschied machen

Es ist kein Geheimnis mehr

Ziel dieses Buches ist es, dir Übungen an die Hand zu geben, die einfach zu verstehen und leicht durchzuführen sind. Es besteht kein Grund, sie geheimzuhalten. Um diese inneren Fähigkeiten zu erlernen, muss man sich keinem Orden anschließen.

Die Tatsache, dass alles offen liegt und allen zugänglich gemacht wird, bedeutet Wandel. Diese Techniken wurden geheimgehalten, und es ist noch nicht allzu lange her, dass Menschen verbrannt wurden, die nur Interesse dafür zeigten. Ich erinnere mich an einen Vikar, der mir mit einer gewissen Zufriedenheit erklärte, dass ich, wenn ich in seiner Kongregation einige meiner Vorstellungen verlauten ließe, sehr rasch von der Kanzel fliegen und verbrannt werden würde. Sogar heute noch ist es nicht gefahrlos, über Energietechniken in einer fundamentalistischen Religionsgemeinschaft zu sprechen.

Aber die Welt hat sich verändert und verändert sich ständig weiter. Ob es sich dabei um das Ergebnis menschlicher Entwicklung, um Teile eines kosmischen Planes oder nur um einen historischen Wandel handelt, die Geheimlehren der Vergangenheit treten jetzt an die Öffentlichkeit. Die moderne Wissenschaft und Psychologie lehrt uns die geheimnisvolle Schönheit subatomaren Lebens und das Kontinuum zwischen Materie und Bewusstsein. Alles im Universum besteht aus Energie, und unser Bewusstsein ist ein Teil von ihm. Diese neue Weltanschauung erkennt begeistert die Tiefen, die Vielschichtigkeit und die Energien der menschlichen Psyche.

Wir alle sind Wesen aus Energie und Bewusstsein. Es handelt sich dabei nicht um eine träumerische, verrückte oder mystische Aussage, sondern um eine einfache Wahrheit.

Der historische Wandel

Als Wesen aus Energie und Bewusstsein erfahren wir eine Vielfalt an Stimmungen und Zuständen und sind in der Lage, solche Stimmungen willentlich zu verändern und die Atmosphäre unseres Umfelds positiv zu beeinflussen. Wir sind mit Sicherheit nicht die Opfer eines grausamen, vorherbestimmten Universums. Sowohl auf materieller als auch auf energetischer Ebene gestalten wir schöpferisch mit; und als Schöpfer haben wir die Möglichkeit, zum Guten oder zum Schlechten zu wirken.

Diese Fähigkeit, Materie und Energie zum Positiven oder zum Negativen zu lenken, hat in der Vergangenheit viele Menschen beunruhigt. Aus diesem Grund blieben die sogenannten Geheimlehren, in denen berichtet wird, wie die innere Welt der Energie und des Bewusstseins wirkt, der Öffentlichkeit vorenthalten. Man traute der Mehrheit nicht zu, moralisch und ethisch damit umgehen zu können.

Es gibt immer noch Menschen, die befürchten, dass diese Kenntnisse selbstsüchtig eingesetzt werden, womit sie in einigen Fällen sicherlich Recht haben. Trotzdem sind die einst sorgsam gehüteten Informationen heute öffentliches Eigentum. Ich selbst gehöre zu denjenigen, die sie weitergeben, obwohl ich mich nicht bewusst dazu entschieden habe. Alles begann als Reaktion auf das Bedürfnis der Menschen. Sie verstanden das Wissen sofort. Ich dachte nicht einmal an Geheimhaltung oder Diskretion. Es erschien mir völlig normal.

Diese dramatische Bewusstseinsveränderung im Hinblick auf Energie und Energiearbeit fällt mit zwei weiteren tiefgreifenden

Veränderungen in der menschlichen Gesellschaft zusammen. Neben dem neuen Verständnis für Energie und Bewusstsein gibt es zum ersten Mal ein „planetarisches Dorf", das die globale Telekommunikation ermöglicht hat. Das Fernsehen, die Satelliten oder das Internet haben den gesamten Planeten vernetzt, so dass es keine isolierten Gemeinden mehr gibt – nur noch ein globales Dorf.

Die zweite Veränderung ist die augenblickliche weltweite Krise, die alles und jeden berührt. Einige in unserer Wohlstandsgesellschaft schauen vielleicht darüber hinweg, dass Zehntausende von Kindern täglich verhungern oder die Schulden der Entwicklungsländer die Weltökonomie zu zerbrechen drohen. Die Gewalttätigkeit in den Städten und die Umweltverschmutzung lassen sich dagegen nicht mehr übersehen. Es sind Weltkrisen. In irgendeiner Form schwappen sie über und beeinflussen uns alle.

Drei Veränderungen laufen parallel:

- Eine neue und allgemeine Erkenntnis von Bewusstsein und Energiearbeit.
- Eine globale Kultur, ein globales Dorf, hervorgebracht durch planetarische Telekommunikation.
- Eine weltweite Krise, die uns alle beeinflusst.

Wir haben keine andere Wahl, als zu helfen

Die Kenntnis der Weltkrisen und das Wissen um die Energiearbeit lässt uns keine andere Wahl, als zu helfen. Manchmal mutet es mich wie eine kosmische Erziehung an: Hier ist das Problem, dort liegt die Lösung, also vorwärts.

Die globale Telekommunikation macht uns die Weltkrise bewusst. Wenn wir die Ebene der Energien verstehen, erkennen wir, dass wir auf dieser Stufe mit der Krise verbunden sind. Daher können wir etwas unternehmen. Die meisten Menschen fühlen sich angesichts der riesigen Probleme machtlos, aber Energiearbeit bedeutet, dass wir tatsächlich in der Lage sind, zu helfen. Zuerst müssen wir natürlich unser eigenes gedankenloses Verhalten zügeln, um nicht zu dem ökonomischen und ökologischen Elend oder der sozialen Ungerechtigkeit beizutragen. Dann aber können wir unser Bewusstsein und unsere Fähigkeit nutzen und die Energien in Bewegung setzen.

Zerstörerische Handlungen beginnen im Herzen und im Verstand der Menschen. Das Herz und den Verstand des Kollektivs energetisch zu durchlichten, geschieht zum Wohl der Gesamtlage.

Auf der Ebene der Energie ist alles miteinander verbunden und nichts voneinander getrennt. Alles, was eine ähnliche Schwingung oder Eigenschaft besitzt, ist harmonisch verbunden.

Riesige Wolken emotionaler und mentaler Energie, die von der Menschheit im Laufe von Jahrtausenden geschaffen wurden, beeinflussen uns, und wir nehmen Einfluss auf sie. Es wird so lange Krieg geführt werden, bis die entsetzliche Energiewolke der Auseinandersetzung und des Nationalismus sich aufgelöst hat und transformiert worden ist. Verhungernde Kinder werden niemals ernährt werden, wenn wir nicht lernen, unsere Energie in großzügiger und fürsorglicher Weise auszuteilen.

Nicht nur Negatives zieht sich durch das ganze System, auch Schönheit und Liebe durchwirken es. Jede Tat der Liebe und Schönheit dient der Gesamtheit. Jede Reinigung, jeder Segen wirkt sich in seiner bescheidenen und positiven Weise auf alles andere aus. Die geringste Freundlichkeit mag Tausende von Kilometern entfernt in einer anderen Situation die Waagschale ein wenig neigen.

Menschen, die ihr Leben im Kloster verbringen, werden häufig kritisiert. Politisch Tätige kümmern sich gewöhnlich kaum um den Einsiedler, der in seiner Höhle meditiert. Sie übersehen den energetischen Einfluss dieser Menschen. Solche Gemeinschaften, eingehüllt in den Rhythmus von Gebet und Meditation, senden starke Ströme der Liebe und Unterstützung in das System. Die Mönche, die jeden Tag mehrere Stunden damit verbringen, Negativität einzuatmen und Segen auszuatmen, erweisen uns allen einen großen Dienst.

Jede geringste großzügige Tat, jeder einfachste Segen, jede Veränderung hilft. Geerdet zu sein und in seiner Mitte zu ruhen, bedeutet, eine Ruhe auszustrahlen, die anderen Menschen hilft, ihre eigene Mitte zu finden.

Das heißt nicht, dass man sein bisheriges Leben aufgeben und ein entsagender Heiliger werden soll. Man fängt mit den einfachen Dingen an, sei es bei der Arbeit oder zu Hause. Dem Fremden auf der Straße zuzulächeln oder kleinen Kindern seine geduldige, wohlwollende Aufmerksamkeit zu schenken, bedeutet vielleicht die größte Energiearbeit. Solche Kleinigkeiten ziehen durch die Welt.

Anfang und Ende

Eine gesunde Welt erfordert starke und wohlgesinnte Menschen. Es spielt keine Rolle, ob du Straßen reinigst oder internationale Firmen leitest, dein wahrer Dienst entspringt deiner Haltung und den Energien, die du ausstrahlst.

Wenn du in einer Krisensituation gelassen, geerdet und in deiner Mitte ruhend bleibst, wirst du glücklicher und zufriedener werden und deiner Umgebung als hilfreiches Vorbild dienen.

Wir haben mit persönlichen Aspekten, wie sich zu erden und sich geistig zu schützen, begonnen. Es folgten die Techniken des Reinigens und Segnens. Dann lernten wir, uns mit unserem Inneren und dem universellen Energiefeld der Liebe und Schönheit zu verbinden. Schließlich sahen wir, wie unsere Einstellungen und Handlungen der gesamten Welt energetisch dienen.

Einerseits klingt die Vorstellung, dass man die Welt verändern *kann*, sehr ehrgeizig, sogar pathetisch. Andererseits gestaltet sich alles sehr einfach. Es geht nur darum, ein besseres und menschlicheres Leben zu führen, in unserem Handeln wie in unserer Haltung, und uns der wahren Wirklichkeit bewusst zu sein.

Beginne mit dieser Arbeit, denn sie wird dir und allem Leben dienen.

Sitze in bequemer Haltung. Erde dich und achte auf deinen Atem. Du bist sehr geduldig. Du wartest, bis du spürst, dass du ruhig wirst. Lächele innerlich und sei guter Stimmung. Du fühlst die Erdenergien unter dir, die dich halten und dir Sicherheit geben. Du bist dir deines Körpers vollkommen bewusst. Dein Atem geht ruhig und gleichmäßig. Du fühlst dich entspannt, stark und aufmerksam.

Fühle dich vollkommen wohl, erweitere dein Bewusstsein. Nimm langsam das Leid und den Schmerz in der Welt wahr. Bestimmte Personen oder Situationen mögen deine Aufmerksamkeit anziehen. Dein Herz antwortet mit Sympathie und Mitgefühl auf das Leid. Mache dir die gesamte menschliche Wirklichkeit bewusst. Ruhe in deiner Mitte und vergegenwärtige dir den menschlichen Schmerz.

Gleichzeitig beginnst du, die starken Energieströme zu erkennen, die durch den Körper und die Atmosphäre der Erde fließen. Öffne dich für die gewaltigen Wellen der Liebe und Kreativität, die durch das Universum wogen. Die Erdenergien steigen in deinen Körper. Die kosmischen Energien strömen von oben in deinen Scheitel. Die Sonnenessenz fließt seitwärts in dich hinein.

Du siehst die Menschen und Wesen vor dir, die du liebst. Du denkst an Situationen, die dich mit dem Heiligen verbinden, und fühlst die Schönheit des Lebens.

Schmerz und Leid sind tragisch, aber Freude und Kraft überwiegen.

Einen winzigen Teil des Schmerzes atmest du sehr sanft und vorsichtig ein und nimmst ihn in dich auf. Dann atme einen lie-

bevollen, mitfühlenden Segen in diesen Schmerz. Ich atme Negativität ein. Ich atme Segen aus.

Lasse dich beim Einatmen von dem Schmerz und dem Leiden nicht überwältigen. Lenke deine Aufmerksamkeit beim ersten Anzeichen eines solchen Gefühls vollkommen auf die machtvolle Liebe der Erde und des Universums. Ein bis zwei Minuten lang atmest du Negatives ein und Segen aus.

Du bist mit der Kraft der Erde und des Universums verbunden. Deine Seele, dein wahres Wesen, steht mit dieser Kraft in Verbindung und strahlt nach außen. Deine Persönlichkeit und dein physischer Körper spüren die wellenartige Segensstrahlung. Ihre Energie nährt dich, während sie dich durchfließt und du sie dorthin lenkst, wo sie gebraucht wird.

Nach einer Weile beendest du diese Energiearbeit.

Bleibe weiterhin still sitzen. Hege keinerlei Erwartungen. Sei geduldig. Du bist weise und bewusst. Du verharrst in dieser Atmosphäre, beobachtest, spürst und bist. Dann bewege dich und stehe auf.

Bevor du dich erhebst, prüfe, wie du dich fühlst. Bist du noch geerdet und atmest ruhig?

Fühlst du dich feinfühlig und entblößt? Dann umhülle dich mit geistigem Schutz, ziehe deine Energien nach innen, vergleichbar mit einer Blume, die abends ihre Blütenblätter schließt, oder baue eine Hülle, eine Flamme oder einen Schild auf.

Du fühlst dich stark und geerdet. Du bist hellwach.

Wende dich ohne weitere Umschweife wieder der Arbeit, den Freuden und der Entwicklung des Lebens zu.

– Licht auf dem Pfad –

Die Aura – Das Tor zur Seele
Manuela Oetinger (ISBN 978-3-89427-546-4)
Taschenbuch, 218 Seiten
Der Mensch wird in jedem Augenblick seines Lebens von zahlreichen Gedankenformen, Energiefeldern und Wesenheiten umgeben. Sie alle üben mehr oder weniger starke Einflüsse auf sein Denken und Fühlen aus, jeweils abhängig von seinem individuellen Karma und seiner geistigen Reife. Wer diese Einflüsse nicht erkennt, unterliegt zweifelsohne in einem erheblichen Grad einer Fremdbestimmung. Eine neue Dimension der Aura-Forschung, die Erkenntnisse erschließt, welche dem geistig Suchenden bisher nicht zur Verfügung standen. Ein Meilenstein!

Wie schütze ich meine Chakras?
Brenda Davies (ISBN 978-3-89427-617-1)
Taschenbuch, 168 Seiten
Praktische Übungen für den Alltag
In ihrem überaus praktischen „Arbeitsbuch zu den Chakras" gibt Dr. Brenda Davies zahlreiche wertvolle Hinweise für den Umgang mit den Energiefeldern der Chakras im täglichen Leben. • Welche Krankheiten werden ausgelöst, wenn ein Chakra eine Unterfunktion aufweist? • Wie kann ich ein Chakra stärken, um eine Fehlfunktion auszugleichen? • Wie zeigt ein Chakra an, dass im täglichen Leben oder in einer Beziehung ein Mangel vorliegt? • Welche Übungen kann man praktizieren, um sich im Alltag vor „Energie-Vampiren" zu schützen? • Welche Affirmationen kann man einsetzen, um die Energie eines Chakras zu erhöhen? Auf diese und viele andere Fragen liefert dieser Ratgeber ausgesprochen nützliche Hinweise. Er wird sich als hilfreicher spiritueller Wegbegleiter und eine ständige Quelle der Inspiration auf dem Weg durch das Leben erweisen!

Das illustrierte Aura-Buch
Peter Michel (ISBN 978-3-89427-507-5)
Die Aura verstehen und deuten
Ein Grundlagenwerk, das alle wesentlichen Erkenntnisse der modernen Aura-Forschung dokumentiert und durch eine Fülle von Farbtafeln gut verständlich darstellt!